ニセコ松風の

かわいい和菓子

渡辺麻里

二見書房

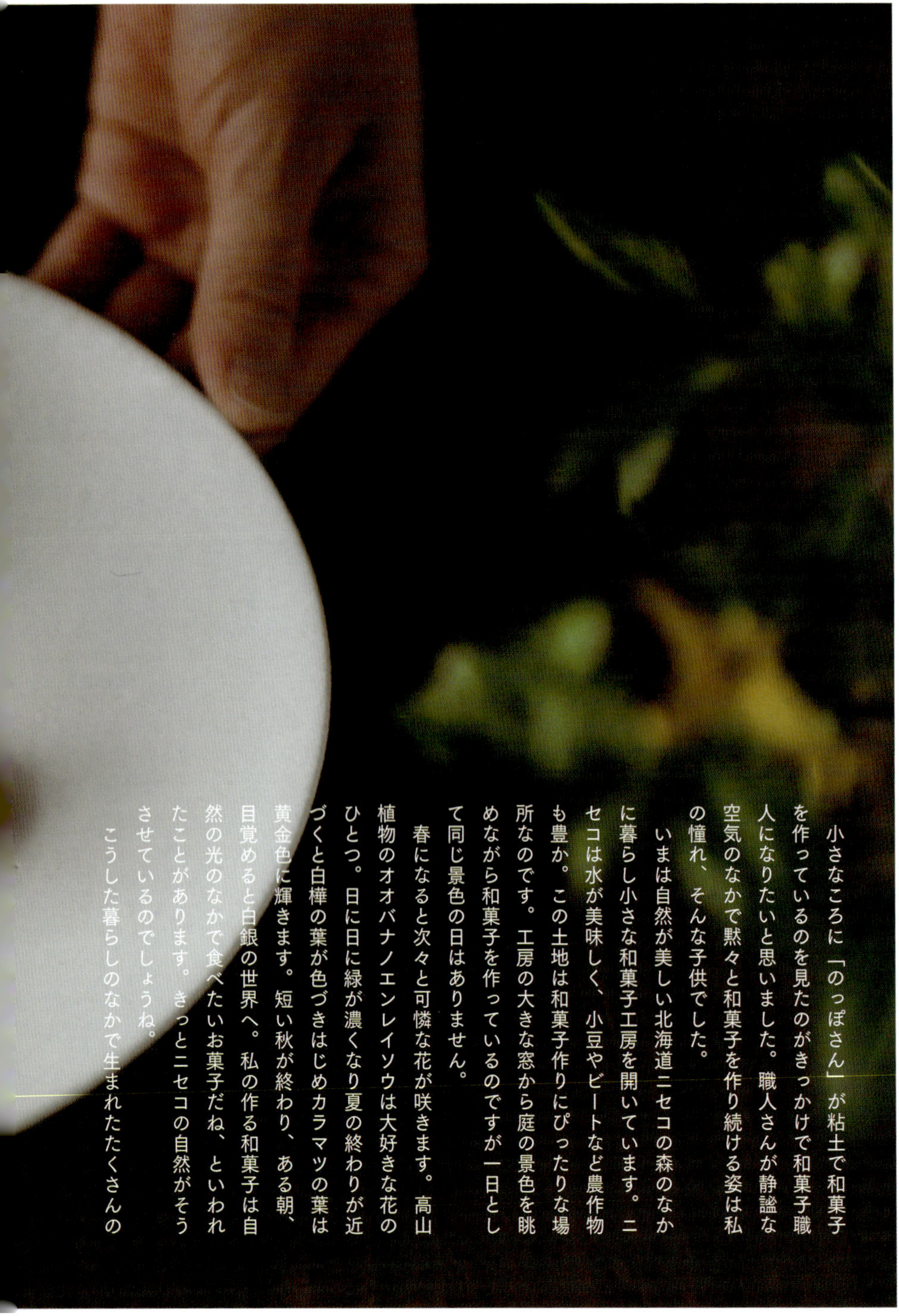

小さなころに「のっぽさん」が粘土で和菓子を作っているのを見たのがきっかけで和菓子職人になりたいと思いました。職人さんが静謐な空気のなかで黙々と和菓子を作り続ける姿は私の憧れ、そんな子供でした。

いまは自然が美しい北海道ニセコの森のなかに暮らし小さな和菓子工房を開いています。ニセコは水が美味しく、小豆やビートなど農作物も豊か。この土地は和菓子作りにぴったりな場所なのです。工房の大きな窓から庭の景色を眺めながら和菓子を作っているのですが一日として同じ景色の日はありません。

春になると次々と可憐な花が咲きます。高山植物のオオバナノエンレイソウは大好きな花のひとつ。日に日に緑が濃くなり夏の終わりが近づくと白樺の葉が色づきはじめカラマツの葉は黄金色に輝きます。短い秋が終わり、ある朝、目覚めると白銀の世界へ。私の作る和菓子は自然の光のなかで食べたいお菓子だね、といわれたことがあります。きっとニセコの自然がそうさせているのでしょうね。

こうした暮らしのなかで生まれたたくさんの

オリジナルレシピを一冊にまとめたのがこの本です。

四季折々の風情を映し出す美しく可愛いらしい和菓子を、家庭にある道具で、より簡単に、より美味しく、より本格的に作っていただくためにはどうしたらいいだろう、と何度も試作を繰り返しながらレシピを考えています。

和菓子作りにおいて大切なことは「包むこと」と「丸めること」。

この二つは慣れるまで少し時間がかかるかもしれませんが、おにぎりを握る文化のある日本人ならきっと大丈夫。はじめは、綺麗に包めなかったり、ちょっといびつな形になるかもしれません。でも何度も繰り返しているうちに必ず上手くなります。とにかく「手」を動かしてみてください。難しい道具は使いません。ご自分の「手」が大切な道具だと思ってチャレンジしてみてください。

ご家庭で、和菓子作りが四季の訪れを感じる大切な行事になってくれるとうれしいです。

雪の降る夜に　渡辺麻里

もくじ

道具と食材について 65

【この本の使い方】

○あん（つぶあん、こしあん、白こしあん、ごまあん、みそあん、枝豆あん）は市販のものでかまいません。手作りするとより味わい深く仕上がります。あんの作り方はＰ70～75を参照してください。

○蒸し器の準備はＰ67を、みつの作り方はＰ77を参照してください。

○あん玉は、前もって指定のグラム数に丸めておきましょう。

○材料の個数は目安です。生地の練り具合などによって、できあがりの数が変わる場合があります。

○オーブンの焼き時間とホットプレートの温度は目安です。メーカーによってクセがあるので、仕上がりの写真を参考に、オーブンは焼き時間を、ホットプレートは温度を、それぞれ調節してください。

○卵は断りがない限りはＭサイズを使用しています。

○電子レンジは５００Ｗのものを使用しています。６００Ｗの場合は、加熱時間を０・８倍にしてください。機種によって多少異なる場合もありますので、様子をみて加減してください。

○熱い生地などを素手で扱うときは、火傷には十分気をつけましょう。

SPRING
春

ひな祭り、お花見、子供の日、この季節のお楽しみの和菓子はたくさんあります。小さなお弁当箱に紅白まんじゅうを詰めてお祝いにプレゼントしたり、重箱に桜もちやよもぎもちを詰めてお花見に出かけたり。春の香りを存分にお楽しみくださいね。

SPRING
01

ミニ紅白まんじゅう

昔から、祝い事や縁起物として配られる祝い菓子。
紅と白のおまんじゅうは、それだけで、
贈る側も贈られる側も喜ばしい気持ちになるものです。
赤には厄払い、白には五穀豊穣の意味が
込められているのだとか。

❖白まんじゅうの材料（6個分）
みつ（まんじゅう用。P77「みつの作り方」参照）……25g
イスパタ……小さじ¼（小さじ1／3の水で溶く）
薄力粉……25g
こしあん玉……20g ×6個
薄力粉（手粉用）……適量

❖紅まんじゅうの材料（6個分）
白まんじゅうの材料に水溶き食紅少々を加え、
こしあん玉を白こしあん玉に代えるだけ。

アレンジ
黒糖まんじゅう

白まんじゅうの材料のイスパタを重曹に代え、みつ（P77「みつの作り方」参照）の材料の砂糖をふるった粉末黒糖に代えるだけ。作り方は白まんじゅうと同じです。

❖ミニ紅白まんじゅうの作り方

お祝い事があるときは、何かとあわただしくもあります。手軽に食べられ、見た目にもかわいくなるように、ひと口サイズに仕上げています。

❖白まんじゅうの作り方

1

ボウルにみつを入れ、水で溶いたイスパタを加え、ゴムべらでよく混ぜる。

2

ふるった薄力粉を加え、粉っぽさがなくなるまでさっくりと混ぜる。

3

ラップをして15〜20分、常温で生地を休ませる。

4

手粉の上に生地を移し、生地の中に粉が入りすぎないように気をつけながら、外側から中心に向けて、パタパタと3、4回折りたたむ。

5

生地を1個約8gに6等分し、直径5・5㎝の円形にのばす。

6

生地の中央にこしあん玉をのせて包み（※1）、閉じ目を下にして小さく切ったクッキングペーパーの上にのせる。

7

蒸気の上がった蒸し器の底に乾いた布巾を敷き、その上に間隔をあけて⑥を並べる。上から霧吹きで水をかけ、ふたをして中火〜強火で約16分蒸す。

8

網にのせて冷ます。ほのかに温かなうちに、まんじゅう用のシートなどで包むと、しっとりとした状態で保存できます。

❖紅まんじゅうの作り方

ボウルにみつを入れ、水溶き食紅（※2）少々で淡い桃色に色づけする。水で溶いたイスパタを加え、ゴムべらでよく混ぜる。以降は、白まんじゅうと同じ。こしあん玉の代わりに白こしあん玉を包む。

※1：P68「基本の包み方」参照　※2：P76「水溶き食紅の作り方」参照

SPRING
02

ミニミニ串だんご

いろんな味を少しずつ楽しんでいただきたいので、だんごは小さめ。
串は竹串でなく、つまようじを使っています。
白玉粉と上新粉を使っているので、食感はもちもち。
濃いめにいれたアツアツの緑茶がよくあいます。

❖ミニミニ串だんごの材料（1串だんご2個×16本分）

白玉粉……40ｇ
上新粉……110ｇ
ぬるま湯（40℃くらい）……約120〜140㎖
サラダ油（手油用）……適量
つまようじ……16本
◎しょうゆだれ……適量
◎ふりごま……適量

◎しょうゆだれ
［材料］砂糖 35ｇ／水 大さじ4／しょうゆ 大さじ2／片栗粉 小さじ2
［作り方］すべての材料を小鍋に入れて中火にかけ、混ぜながら煮て、とろみがついたら火から下ろす。

◎ふりごま
［材料］黒すりごま 25ｇ／砂糖 10ｇ／塩 ひとつまみ
［作り方］すべての材料をよく混ぜ合わせる。

❖ ミニミニ串だんごの作り方

一般的な串だんごの場合は、
黒文字でだんごをひとつずつ串から抜き取っていただきますが、
この串だんごはひと口サイズなので、
女性のお客さまでも、気軽にそのまま召し上がっていただけます。

1 ボウルに白玉粉、上新粉を入れ、ぬるま湯を少しずつ加えながら、耳たぶくらいのやわらかさになるまでこねる。

2 蒸気の上がった蒸し器の底にかたく絞った布巾を敷き、その上に①をちぎって並べ、強火で30分蒸す。

3 中心に透明感が出たら蒸し上がりです。

4 生地を布巾ごと取り出し、もっちりするまで布巾を使ってよくもみながら、ひとつにまとめる。生地が熱いのでボウルに水をはり、手を冷やしながら作業しましょう。

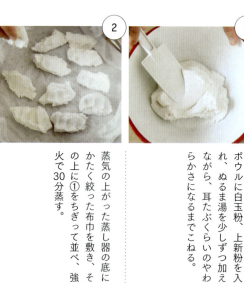

5

生地の表面がなめらかになるまで、よくもみましょう。

6

2等分し、それぞれ直径1・5㎝の棒状にのばしてから、包丁で16等分に切り分ける。生地がくっつかないように、手とまな板にサラダ油（手油用）を薄く塗っておきましょう。

7

2つずつ、水で濡らしたつまようじに刺す。つまようじは水で濡らすと生地にくっつきません。

8

⑦の半分（8本分）にしょうゆだれを絡めて仕上げる。残りはふりごまをまぶして仕上げる。しょうゆだれは、先に計量だけしておき、⑦に絡める直前に火を入れて仕上げましょう。アツアツのたれのほうが生地によく絡みます。

桜もち

桜もちには関東風と関西風があるのをご存知ですか？
ここで紹介するのは道明寺粉を使った関西風の桜もちです。
上に飾る桜の花が引き立つように、
あえて生地を桃色に着色せずに仕上げました。

❖桜もちの材料（9個分）
水……115㎖
砂糖……10g
道明寺粉……75g
こしあん玉……15g×9個
桜の葉の塩漬け……9枚
桜の花の塩漬け……9個

【準備】
・桜の葉の塩漬けは、水洗いし、
5分ほど水にさらし、水けをきる。
・桜の花の塩漬けは、水洗いし、水けをきっておく。

アレンジ
いちごの桜もち

こしあんの上に、洗ってヘタを取ったいちごをのせ、生地を半包みにします。それを桜の葉で包めば、いちごの桜もちのできあがり。

❖ 桜もちの作り方

桜もちをお重に詰めて、お花見に出かけるのも素敵ですね。
道明寺特有のつやともちもちとした味わいは、
春のやわらかい日差しの中でいただくと格別のおいしさでしょう。

1

ホウロウのボウルまたは鍋に水と砂糖を入れ、木べらで混ぜながら中火にかける。砂糖が溶けたら火から下ろし、粗熱を取る。

2

ぬるま湯程度に冷めたら道明寺粉を加え、木べらで混ぜ合わせる。

3

ラップをし、そのまま15分ほどおく。道明寺粉にしっかり水分をしみ込ませましょう。

4

③をかたく絞った布巾で包み、蒸気の上がった蒸し器に入れて強火で15分蒸す。

5

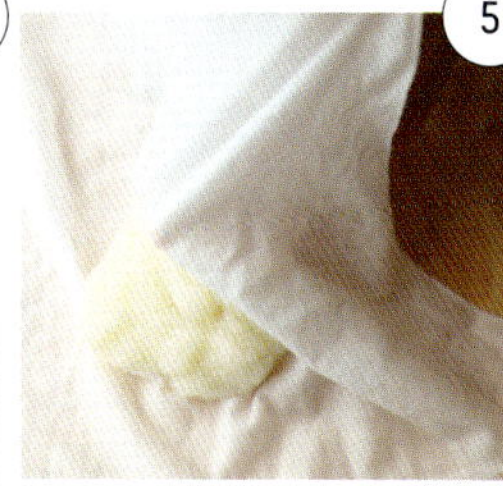

生地を布巾ごと取り出し、布巾を使って軽くこね合わせ、生地をまとめる。生地が熱いのでボウルに水をはり、手を冷やしながら作業しましょう。

6

かたく絞った布巾の上で生地を1個約22gに9等分し、直径6cmの円形にのばす。生地の中央にこしあん玉をのせて包む（※1）。生地が手につかないように、手を水でしめらせながら作業しましょう。

7

仕上げに桜の葉の塩漬けを巻き、桜の花の塩漬けをのせる。桜の葉の塩漬けは、つるつるした面が内側となります。

木箱

ちなみにP16の写真の木箱は、木工作家の知人にお願いして小さめサイズで作ってもらったもの。ほどよく吸水する木箱は和菓子の保存用として重宝します。曲げわっぱのお弁当箱や市販のそば打ち用の木箱で代用できます。

※1：P68「基本の包み方」参照

べこもち

べこもちは、北海道を中心に、
東北地方の一部で端午の節句に食べられる和菓子。
名前の由来は、「方言で牛のことを〝べこ〟というから」
「べっこうのような色から」など、諸説あるようです。

❖ べこもちの材料（12個分）

白生地
- 上新粉……85g
- 求肥粉……25g
- 片栗粉……25g
- 砂糖……110g
- ぬるま湯（40℃くらい）……150mℓ

黒糖生地
- 白生地の材料の砂糖の代わりに
- ふるった粉末黒糖を使う。

みつ（手水用。P77「みつの作り方」参照）……少々

べこもちの下に敷いているのは熱湯消毒した笹の葉です。摘みたての笹は香り豊かで、色も鮮やか。べこもちの模様をきれいに引き立ててくれる名脇役です。

べこもちの作り方

一般的には、黒い生地と白い生地を合わせた葉っぱの形ですが、工房ではマーブル模様の小さな丸形に仕上げています。

1
ボウルに上新粉、求肥粉、片栗粉、砂糖を入れ、泡立て器でよく混ぜ、ぬるま湯を少しずつ加え混ぜ合わせる。

2
別のボウルにかたく絞った布巾を敷き、手早く①を流して輪ゴムで留める。蒸気の上がった蒸し器に入れて強火で30分蒸す。白生地を蒸している間に黒糖生地の材料を混ぜ、②の白生地と同様に強火で30分蒸しましょう。

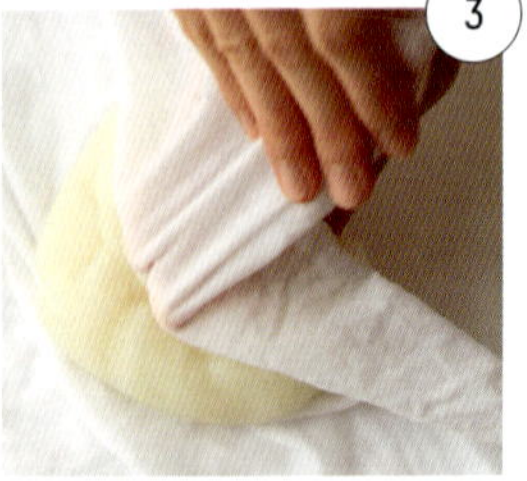

3
布巾ごと取り出し、輪ゴムを外し、熱いうちに布巾を使ってひとつにまとめる。生地が熱いのでボウルに水をはり、手を冷やしながら作業しましょう。

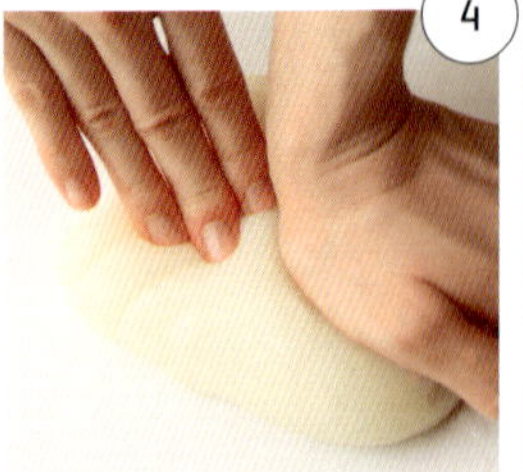

4
まな板にみつを塗り、手にもみつをつけて熱いうちによく練り込む。黒糖生地も同様によく練り込む。

5

白生地と黒糖生地をそれぞれ4等分し、約20㎝の棒状にのばしてクッキングペーパーの上に交互に並べる。先に蒸した白生地は、乾燥しないようにかたく絞った濡れ布巾をかけておきましょう。

6

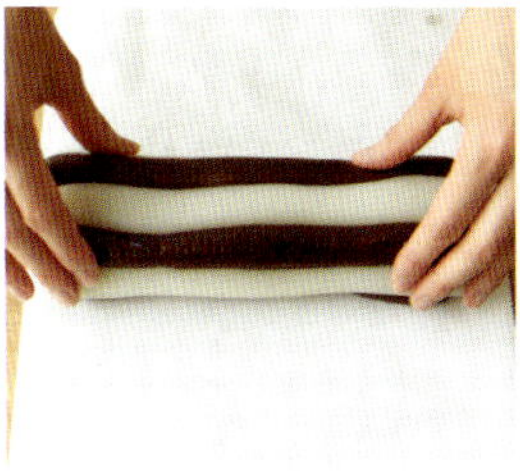

巻きずしの要領で手前から巻き、ひとつにまとめる。

7

親指と人差し指を使い、絞り出すようにして12等分に分け、平らな丸形に整える。最初に生地を2等分し、分けた生地をそれぞれ3等分します。さらに分けた生地をそれぞれ2等分するとラクに12等分できます。

焼き皮桜もち

クレープのように焼いた皮であんを包み、さらにそのまわりを、桜の葉の塩漬けでくるりと巻くのが、一般的な関東風の桜もちです。
江戸時代、隅田川にほど近い向島の長命寺の門前で売られた桜もちが評判となり、名物となったのが最初だそう。

❖焼き皮桜もちの材料（20個分）

白玉粉……30g
水……140㎖
砂糖……70g
薄力粉……75g
上南粉……6g
水あめ……8g
水溶き食紅……適量
◎桜風味のこしあん玉……25g×20個
桜の花の塩漬け……20個
サラダ油……適量

◎桜風味のこしあん玉の材料

こしあん……500g
桜の葉の塩漬け……8枚分

工房では、桜の葉もおいしくいただけるように、桜の葉の塩漬けをさっと水洗いし、細かく刻んでこしあんに混ぜ込んでいます。ほおばったときに、桜の葉の香りがふわ〜っと広がりますよ。

❖焼き皮桜もちの作り方

淡い桃色の生地は、白玉粉が入っているのでもっちりとした食感。焼き上がりのイメージよりも、ちょっと濃いめかなと思うくらいの食紅を加えて、焦げないように低温で焼くと、ほんのりと桃色に色づきます。

まずは桜風味のこしあん玉を作っておきます。ボウルにこしあんを入れる。水洗いをし、水けをきり、細かく刻んでおいた桜の葉の塩漬けを加え、ゴムべらでよく混ぜる。1個25gに丸めたものを20個作る。

1
ボウルに白玉粉を入れ、最初は少量の水を加えて指先で混ぜる。完全にダマがなくなったら、残りの水を加え、泡立て器で全体をよく混ぜる。

2
砂糖を入れて混ぜ、合わせてふるっておいた薄力粉と上南粉を加えて泡立て器で混ぜる。

3

水あめを加えて混ぜる。スプーンですくったときに、さらっと流れ落ちるくらいのかたさに調節しましょう。かたい場合は水を足しましょう。

4

水溶き食紅（※1）で淡い桃色に色づけする。竹串の先に水溶き食紅をつけて、少しずつ色づけしましょう。

5

170℃に予熱したホットプレートに、薄くサラダ油をひき、④の生地を大さじ1杯分流す。スプーンの背で手早く楕円形（約12×6㎝）に薄くのばす。

6

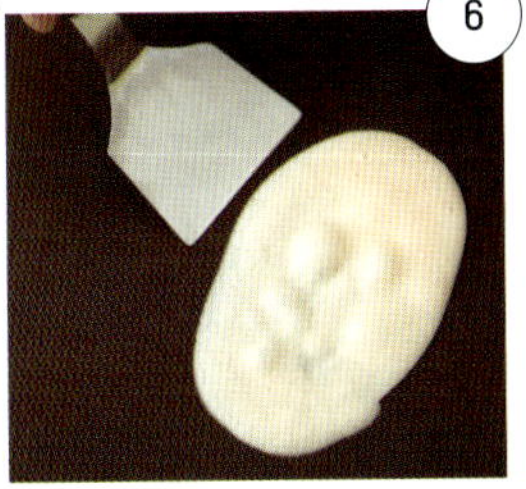

表面が乾いたら金べらでひっくり返し、裏側は乾かす程度にさっと焼く。残りの生地も同様にして焼く。

7

クッキングペーパーにとって冷まし、手前に桜風味のこしあん玉をのせて巻く。仕上げに桜の花の塩漬けを飾る。

※1：P76「水溶き食紅の作り方」参照

よもぎもち

よもぎもちは春を告げるお菓子のひとつです。
よもぎの新芽はやわらかく香り豊か。
市販のよもぎでもおいしく作れます。

❖よもぎもちの材料（12個分）

上新粉……85g
求肥粉……25g
片栗粉……25g
砂糖……110g
ぬるま湯（40℃くらい）……150㎖
よもぎ（ゆでて刻んだもの）……15g
つぶあん玉……1個15g×12個
みつ（手水用。P77「みつの作り方」参照）……少々

【準備】
よもぎはやわらかい葉の部分だけを使い、たっぷりの湯に重曹小さじ1を入れ、やわらかくなるまで2分ほどゆでる。流水にさらして水けをきり、細かく刻んでおく。

❖よもぎもちの作り方

① ボウルに上新粉、求肥粉、片栗粉、砂糖を入れ、泡立て器でよく混ぜる。ぬるま湯を少しずつ加え、混ぜ合わせる。

② ボウルにかたく絞った布巾を広げ、そこへ①を流し、輪ゴムで留める。蒸気の上がった蒸し器に入れ、強火で30分蒸す。

③ 布巾ごと取り出し、輪ゴムを外し、熱いうちに布巾を使ってひとつにまとめる。手とまな板にみつを塗り、よもぎを練り込む。

④ 生地を1個約33gに12等分し、それぞれを楕円形（約6×10㎝）にのばす。中央につぶあん玉をのせ、生地を半分に折り、生地を合わせた部分を軽くねじる。

生地が熱いのでボウルに水をはり、手を冷やしながら作業しましょう。

よもぎもちの底にきな粉（分量外、適量）をつけておくと、器にくっつきません。

サクランボのういろう

ういろうというと、名古屋土産の竿状のものをイメージするかと思いますが、上生菓子も作る生地です。あっさりとしていて、とても食べやすいです。慣れてきたら、デザインや、色付けをアレンジして自分のオリジナルういろう作りにもチャレンジしてみてください。

❖サクランボのういろうの材料（10粒）

上用粉……40g
白玉粉……12g
片栗粉……5g
上白糖……80g
水……70㎖
水溶き食用色素（赤、黄）……少々
白あん玉……8g×10個
みつ（手水用。P77「みつの作り方」参照）……適量
片栗粉（仕上げ用）……適量
飾り用 松葉……10本

アレンジ

柿のういろう

生地を黄色と赤色で柿色に着色して、柿の形に成形。抹茶ようかんをヘタ型に切り、細く切った昆布を刺す。

青梅のういろう

生地を黄色と緑色で青梅色に着色して青梅の形に成形。

サクランボのういろうの作り方

松葉をサクランボの芯にしていますが、
二股のものに2つ刺しても、
1個ずつにしてもどちらもかわいらしい
仕上がりになります。

1

ボウルに上用粉、白玉粉、片栗粉、上白糖を入れ泡だて器でよく混ぜる。

2

①へ水を加え、なめらかになるまで混ぜ、黄色に色づけする（※1）。火が入ると濃くなるので加減して着色しましょう。

3

ボウルにかたく絞ったさらしの布巾を広げ、そこへ②の生地を流し輪ゴムで止める。

4

蒸気の上がった蒸し器に入れて中火～強火で30分ほど蒸す。生地の中心を食べてみて粉っぽくなければよい。

5

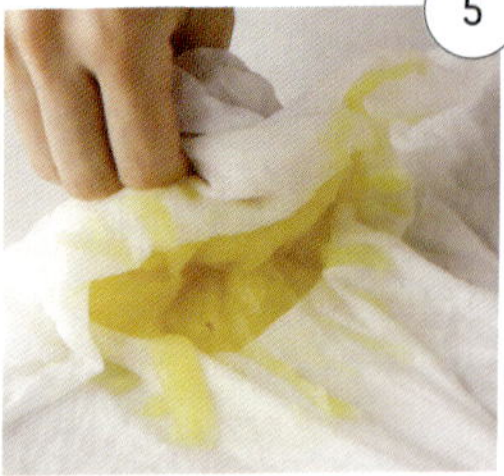

布巾ごと取り出し、輪ゴムを外し、布巾を使いながらひとつにまとめる。生地が熱いのでボウルに水をはり、手を冷やしながら作業しましょう。

6

生地の1/3を取り分け、赤色を足してオレンジ色に着色する。くっつかないよう、手水用のみつを使いながら作業します。2/3の黄色生地は、みつを使いながらなめらかになるまでこねる。

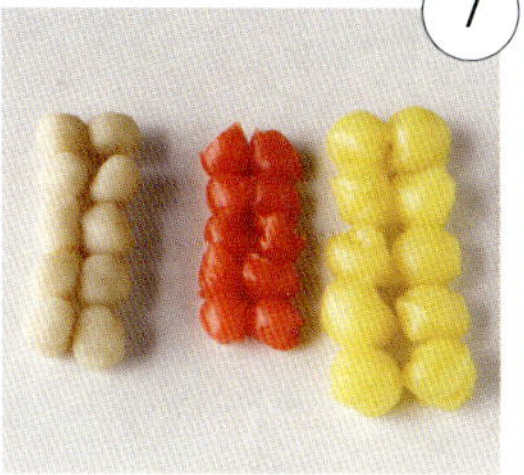

7

黄色の生地、オレンジ色の生地をそれぞれ10等分する。

8

黄色の生地にオレンジ色の生地を張り合わせ、白あん玉を包む（※2）。

9

全体に片栗粉をまぶし、余分な粉はハケではらう。

10

丸く成形し、中心をくぼませる。

11

松葉を刺し、サクランボ型に仕上げる。2個を対にしてもかわいいです。

※1：P76「水溶き食紅の作り方」参照　※2：P68「基本の包み方」参照

茶通

新茶の季節に作りたくなるのが茶通（ちゃつう）です。
昔から新茶を飲むと一年間健康に過ごせる、長生きをするといわれています。
あまりなじみがないかもしれませんが、
茶通は、お茶席でもふるまわれる伝統的な和菓子。
渋〜い抹茶とよくあいます。焼きたてよりも、翌日が食べ頃です。

❖茶通の材料（28個分）

卵（Sサイズ）……1個
砂糖……130g
薄力粉……100g
片栗粉……10g
抹茶……10g
ごまあん玉（P74「ごまあんの作り方」参照）……1個25g×28個
片栗粉（手粉用）……適量
煎茶の葉……適量
サラダ油……適量

ごまあんは、前日に作っておくとよりおいしくいただけますが、時間がないときは当日に作ってもかまいません。ただし冷めてから使いましょう。

❖ 茶通の作り方

きれいに仕上げるコツは、
低温でゆっくり時間をかけて焼くこと。
茶通を焼いていると、表面につけたお茶の葉も
一緒に焼けるので、いい香りが工房中に広がります。

1

ボウルに卵を入れて泡立て器で溶きほぐし、砂糖を加え、すくうと、少し跡が残るくらいまで泡立てる。

2

薄力粉、片栗粉、抹茶をあわせてふるい入れ、木べらを大きく動かしながらさっくり混ぜる。

3

乾いた布巾の上に手粉をたっぷりと敷く。

4

その上に②をのせ、生地の中に粉が入り過ぎないように気をつけながら、外側から中心に向けて、パタパタと3、4回折りたたむ。

5

生地を1個約10gに28等分する。

生地を直径6㎝の円形にのばす。生地の中央にごまあん玉をのせて包み（※1）、閉じ目を下にする。

平たく成形し片面に煎茶の葉をひとつまみつける。

170℃に予熱したホットプレートに薄くサラダ油をひき、煎茶の葉をつけた方を下にしてのせ、手のひらで軽く押さえて焼く。

焼き色がついたら金べらでひっくり返し裏面も焼く。網に取って冷ます（⑧⑨の作業は火傷に注意しましょう）。

両面を焼いている間に、側面に火が通ります。側面にシワが寄ったら焼き上がりです。

※1：P68「基本の包み方」参照

COLUMN
01

贈り物にするなら

松風の活動は和菓子教室をメインに、不定期で和菓子を販売したり、イベントに出店したりしています。教室では作ったお菓子を箱詰めにし、季節に合わせてラッピングして、おもちかえりいただいています。

例えば、掛け紙を半紙にして、1か所だけスタンプを押したり、赤い紙紐だけを箱の中央で結んだり。ちょっとしたことですが、お客さまには「箱を開けるのが楽しくなる」と好評です。また、個人的に友人のお祝いなどで贈るときは、季節の葉っぱを添えて「この葉っぱがしおれる前に食べてね」とメッセージを添えることも。こうすると、さりげなく食べ頃を伝えられ、季節感も表現できます。

こうしたラッピングのアイデアは、旅行から帰ったときにふと思いつくことが多いですね。

ふだんは森の中でひたすら和菓子を作る日々ですが、可能な限り機会を作って、年に数回は旅に出るようにしています。

もともと、知りたがりのくいしんぼうなので、旅行は大好き。旅先では、滞在期間に限りがあるので、できるだけいろんなものを見たり、聞いたりできるように工夫も。

例えば、雑誌を読んでいて「このお店のお菓子、食べに行きたいな」と思ったら、そのページをカラーコピーして、大きめの箱にどんどんストックしていきます。そして、旅行にはそのコピーを持参して出かけ、行きたいお店やギャラリーをおもいきり回るというわけです。

だから、旅先では朝からとても活動的。お菓子はもちろん、新鮮なディスプレイや作品を見て回るので、一日中歩き通し、ということも珍しくありません。

そんなふうにして、心に留めたエッセンスを森に帰ってから、自分のフィルターを通してラッピングに映していく……。この作業が楽しくて、つい時間を忘れてしまいます。

SUMMER
夏

透明感のあるお菓子は、食感はもちろん目でも涼を感じられます。寒天や葛を使ったお菓子は胃腸にも優しいので、疲れたときにどうぞ。とくに寒天は作り方も簡単なので冷蔵庫に常備しておいて、シンプルにはちみつとレモン汁をかけてもさっぱりとしておいしいです。

水ようかん

口さっぱりとした味わいの夏菓子。
水ようかんは、切り口から水分が出てしまうので、
切りたてをいただくのが一番おいしい食べ方。
工房では、スプーンを入れた瞬間が切りたてになるように、
水ようかんは器に流してかためています。

❖水ようかんの材料（２００㎖入る器４個分）
水……３３０㎖
粉寒天……２g
砂糖……25g
こしあん……２８０g
塩……ひとつまみ

❖抹茶水ようかんの材料（２００㎖入る器４個分）
水……３００㎖
粉寒天……２g
砂糖……25g
白こしあん……２８０g
塩……ひとつまみ
抹茶……６g（大さじ2の水を加え、茶せんでよく溶いておく）

水ようかんをかためる器は、お好きなものを選んでください。おもてなしにするなら、小さな器に、抹茶と小豆の２種類を作ってお出ししても楽しいですね。

❖ 水ようかんの作り方

作るときは、煮詰め過ぎは禁物です。せっかくの口どけが悪くなります。へらですくい、スプーンでなぞると跡が残るかたさになったら、すぐに加熱を止めましょう。

1

鍋に水を入れ、粉寒天をふり入れる。

2

混ぜながら中火にかけて煮溶かし、沸騰させる。砂糖とこしあんを加えて再び沸騰させる。こしあんは溶けやすいようにちぎりながら加えます。

3

弱火にし、木べらですくったときに、スプーンでなぞると跡が残るかたさまで煮詰める。

4

火を止め、塩を加えて軽く混ぜる。

5

水をはったボウルに鍋底をつけ、混ぜながら粗熱を取る（湯気がおさまるまで）。

6

器に流し、冷蔵庫で1時間ほど冷やしかためる。

❖ 抹茶水ようかんの作り方

①鍋に水を入れ、粉寒天をふり入れる。
②混ぜながら中火にかけて煮溶かし、沸騰させる。砂糖と白こしあんをちぎりながら加えて再び沸騰させる。分量の水で溶いた抹茶を茶こしでこしながら加える。
③以降は、水ようかんと同じ。

寒天

「水を味わう」といわれる和菓子の中でも、
寒天はまさに水を食べる一品です。
甘みを抑えているので、
水のおいしさを存分に堪能できます。
きりりと角が立つ一般的な寒天とは趣を変え、
やわらかく仕上げているので
ツルンとしたのど越し。

❖寒天の材料（200㎖入る器6個分）

粉寒天……3g
水……900㎖
砂糖……15g

❖寒天の作り方

①鍋に水と粉寒天を入れて中火にかけ、木べらで混ぜながら沸騰させる。
②寒天が完全に溶けたら砂糖を加え、再び沸騰したら火を止める。
③水をはったボウルに鍋底をつけ、混ぜながら粗熱を取る（湯気がおさまるまで）。

④器に流し、冷蔵庫で1時間ほど冷やしかためる。

工房では、「汲みたての湧水で作ったんですよ」と、湧水の話をしながら寒天をお出しすると、とても喜ばれます。湧水が手に入らないときは、国産のミネラルウォーターを使うのがおすすめです。

四季折々の楽しみ方

春夏秋冬、季節の食材やみつと組み合わせて、さまざまなアレンジが楽しめるのも魅力です。

いちごとグレープフルーツのしょうがみつ添え――春

寒天にいちごとグレープフルーツ（ルビー）を添え、ミントの葉を飾り、しょうがみつをかけていただきます。旬のいちごの甘さと、しょうがのピリッとした辛みがさわやかな組み合わせです。しょうがみつは、鍋に水80㎖と皮つきのままスライスしたしょうが5枚を入れ、沸騰してから1分ほど弱火にかけて香りを移し、砂糖100gを加えて再び沸騰させたらできあがり。粗熱が取れたらガラス瓶などに入れて密閉し、冷蔵庫で1週間ほど保存できます。ヨーグルトにかけてもおいしいですよ。

ミニトマトのコンポート添え――夏

寒天に色鮮やかなミニトマトのコンポートと、その煮汁をたっぷりかけていただく一品です。ミニトマトの甘酸っぱさが涼感を誘います。ミニトマトのコンポートの作り方はP78で詳しく紹介していますので、そちらを参照してください。

❖りんごの赤ワイン煮添え——秋

寒天にりんごの赤ワイン煮をのせ、サングリアのような煮汁をたっぷりかけた、大人っぽいアレンジです。りんごの赤ワイン煮の作り方は、皮をむき、4等分に切り分け芯を取り除いたりんご2個分、赤ワイン400㎖、砂糖45g、シナモンパウダー少々、レモンスライス2枚を鍋に入れ、中火でりんごがやわらかくなるまで煮るだけ。粗熱が取れたら保存容器に入れて冷蔵庫で4日間ほど保存できます。アイスクリームや生クリームに添えてもおいしいです。

❖黒豆の黒みつ添え——冬

寒天の上に、つややかに炊いた黒豆をのせ、黒みつをかけていただく豆かん。通好みのシンプルな組み合わせです。黒豆の炊き方は、コツをつかめば簡単です。黒豆100gをたっぷりの水に浸してひと晩おき、戻し汁とともに、アクをこまめに取りながら、中火で黒豆がやわらかくなるまで煮るだけ。途中、水が少なくなったら、絶えず水を加えてひたひたの状態に保つことがおいしく作るコツです。煮汁につけたまま冷まし、粗熱が取れたら保存容器に入れ、冷蔵庫で2日間ほど保存できます。黒みつは、粉末黒糖100gと水50㎖を、鍋に入れて中火で煮溶かし、茶こしでこせばできあがり。粗熱が取れたらガラス瓶などに入れて密閉し、冷蔵庫で10日間ほど保存できます。

2種の豆のマメマメ大福

枝豆と黒豆を使った、見た目にも楽しい豆大福。
皮のこし、あんの甘さ、豆の塩け、
この3つのバランスが、味の決め手に。
つぶあんは市販品でもOK。

❖2種の豆のマメマメ大福の材料（12個分）

求肥粉……150g
水A……適量（約150〜190㎖）
砂糖……75g
水B……大さじ2
塩……小さじ⅔
◎黒豆（ゆでたもの）……40g
枝豆（冷凍、サヤから出したもの）……40g
つぶあん玉……30g×12個
片栗粉（手粉用）……適量

◎黒豆
[材料]黒豆100g
[作り方]P47「黒豆の黒みつ添え」参照

❖2種の豆のマメマメ大福の作り方

① ボウルに求肥粉を入れ、水Aを少しずつ加える。耳たぶくらいのかたさになるまでゴムべらでこねる。濡れ布巾に包み、蒸気の上がった蒸し器に入れ、強火で約15分蒸す。

② 蒸し上がったら鍋に移し、中火にかける。砂糖と水Bをそれぞれ3回に分けて加え練る。

砂糖と水を加えるごとに、生地を木べらでよく練り、なめらかな状態にしましょう。

③ 練り上がりに塩と、よく水けをきった黒豆と枝豆を加え混ぜる。

④ 手粉の上に生地を移し、生地の中に粉が入りすぎないように気をつけながら、外側から中心に向けて、3、4回折りたたむ。

⑤ 生地を1個約36gに12等分し、直径7㎝の円形にのばす。中央につぶあん玉をのせて包む（※1）。

黒豆は、前日に作っておくとよりおいしくいただけます。当日に作ってもかまいませんが、冷めてから使いましょう。求肥粉で作る大福なので、翌日まで冷蔵庫で保存してもかたくなりません。

※1：P68「基本の包み方」参照

ほうじ茶プリン

ほうじ茶葉に加え、
ほうじ茶パウダーを使っているので、香り豊か。
やわらかいので器のまま召し上がってください。

❖ほうじ茶プリンの材料（200mℓ入る器6個分）

牛乳……500mℓ
砂糖……40g
ほうじ茶葉……7g
ほうじ茶パウダー……5g
粉ゼラチン……9g（水50mℓでふやかしたもの）
生クリーム……100mℓ
◎三温糖のシロップ……適量

◎三温糖のシロップ

［材料］水 100mℓ／三温糖 50g
［作り方］鍋に水と三温糖を入れ、中火にかけて煮立たせる。粗熱を取り冷蔵庫で冷やす。

❖ほうじ茶プリンの作り方

① 鍋に牛乳、砂糖、ほうじ茶葉、ほうじ茶パウダーを入れ、中火にかける。沸騰直前に、あらかじめ水に入れてふやかしておいた粉ゼラチンを加えて混ぜる。火を止めて5分間そのままにする。

② こし器でこし、ボウルに移す。ボウルの底に氷水をあてながら、生クリームを加え、軽くとろみがつくまでゴムべらで混ぜる。

③ 器に流し、冷蔵庫で1時間ほど冷やしかためる。

④ 仕上げに三温糖のシロップをかける。

あんみつ

あんみつは夏の季語に用いられる冷菓子ですが、寒天、白玉だんご、つぶあんに、つけあわせの旬の果物を色鮮やかに盛りつけて、春夏秋冬のアレンジを楽しむことができます。
ちなみに、みつ豆、白玉も夏の季語です。

❖あんみつの材料（5人分）
◎寒天……全量
◎白玉だんご……全量
好きな季節の果物……適量
つぶあん……適量
黒みつ（P77「みつの作り方」参照）……適量

◎寒天の材料（約15×13・5×4・5㎝の流し缶1台分）
粉寒天……3g
砂糖……35g
水……550㎖

◎白玉だんごの材料（約40個分／1人約8個）
白玉粉……70g
水……約70㎖

あんみつの作り方

寒天は、切りたてが一番おいしいので、盛りつける直前に切るのをお忘れなく。おもてなしのときは、冷蔵庫であらかじめ器を冷やしておくと、涼しげな口あたりが長く保てます。

1

まず寒天を作ります。鍋に水を入れ、粉寒天をふり入れる。強火にかけて沸騰させ、寒天が完全に溶けたら砂糖を加え、再び沸騰したら火を止める。

2

冷水を入れたボウルに鍋底をつけ、木べらで混ぜながら湯気がおさまるまで粗熱を取る。

3

流し缶に流し入れ、冷蔵庫で1時間ほど冷やしかためる。

4

盛りつける直前に白玉だんごを作ります。ボウルに白玉粉を入れ、水を少しずつ加えながら耳たぶくらいのやわらかさになるまでこねる。

5

直径1・5㎝の大きさに丸め、たっぷりの湯でゆでる。

6

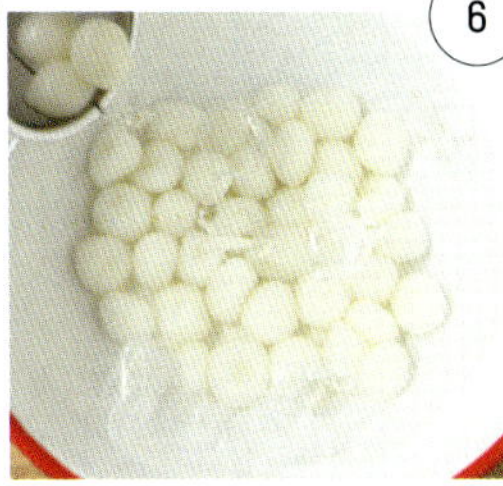

白玉が浮いてきたら冷水にとって冷やす。できたての白玉だんごは、やわらかくもちもちの食感を楽しめます。

7

冷蔵庫から③を取り出し、約3㎝角のさいの目に切り分ける。

8

器に寒天、白玉だんご、食べやすいサイズに切り分けた季節の果物（ここでは柿と梨）、つぶあんを盛りつけ、黒みつを添える。

葛きり　黒みつ、マンゴーソース

夏の涼味として親しまれている葛きりは、
そのつるりとした食感が特長。葛の根は体を温める薬効があり、
風邪や胃腸不良時の民間薬として、
昔から庶民の生活に深く関わってきた植物です。

❖葛きりの材料（2～3人分）

水……200㎖
砂糖……40g
葛粉……100g
黒みつ（P77「みつの作り方」参照）……適量
◎マンゴーソース……適量
はちみつ……適宜
ミントの葉（飾り用）……適量

◎マンゴーソースの材料（作りやすい分量）

マンゴー……1個（正味150g）
プレーンヨーグルト……100g
果汁100％オレンジジュース……70㎖
砂糖……小さじ2
レモン汁……大さじ1

【準備】

・直径20㎝ほどのフッ素樹脂加工のフライパンと、それよりもひとまわりほど大きいフライパン（直径24㎝）を用意する。
・大きいフライパンには、たっぷりのお湯を沸かしておく。
・氷水を用意しておく。

❖ 葛きりの作り方

葛粉は水を加えて加熱すると、最初は白濁していますが、20～30分ほど加熱すると透明に。表面がかたまってきたタイミングでフライパンごとお湯に沈める作業は、クセになる楽しさです。

まずマンゴーソースを作っておきます。マンゴーは皮と種を取り、ひと口サイズに切り分ける。

ボウルにすべての材料を入れ、ハンディプロセッサーやミキサーでかくはんし、冷蔵庫でよく冷やしておく。

1

小鍋に水と砂糖を入れて強火にかける。砂糖が溶けたら火から下ろす。水を入れたボウルに鍋底をつけて、ぬるま湯程度に冷ます

2

ボウルに葛粉を入れ、①を少しずつ注ぎながら、なめらかになるまでゴムべらで混ぜ、こし器でこす。葛粉は沈殿しやすいので、常に混ぜながら作業しましょう。

3

②をよく混ぜてから、小さいフライパンに⅓量を流し入れ、大きいフライパンの湯に浮かべる。小さいフライパンに②を注いだとき、フライパンをゆすり、生地の厚みを均一にしましょう。

4

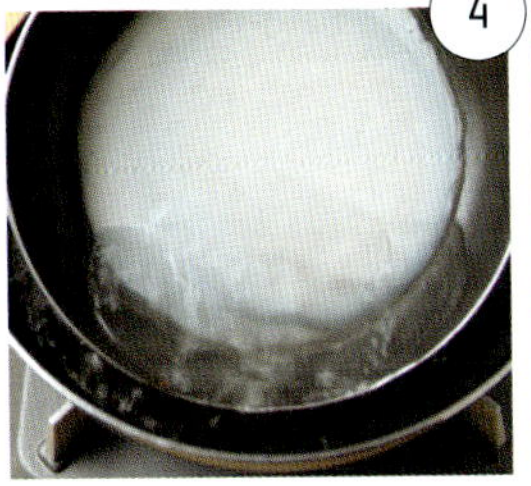

表面がかたまってきたら、小さいフライパンをそのまま静かに大きいフライパンの湯の中に沈める。

5

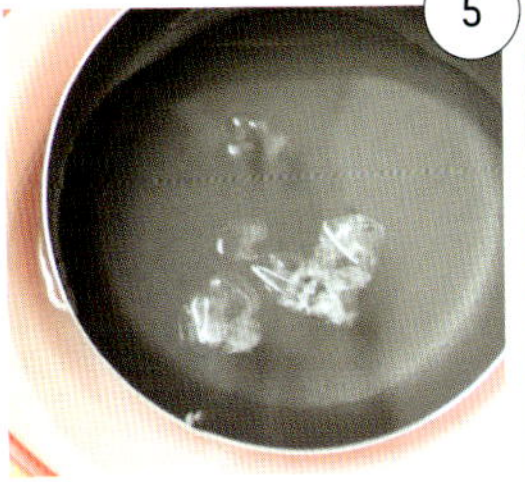

生地が透明になったら、大きいフライパンの湯から上げ、すぐにフライパンごと氷水に入れる。生地を外し取り出しておく。残りの②も同様にかためる。

6

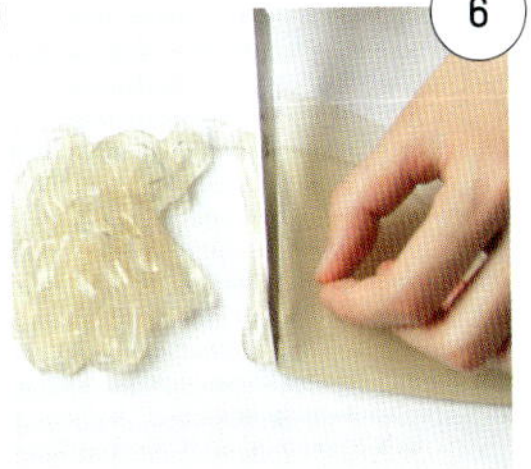

⑤の生地を5㎜幅に切り分ける。

7

器に盛り、仕上げにマンゴーソースか黒みつをかける。マンゴーソースにはミントの葉を飾り、お好みではちみつをかける。時間がたつほど鮮度が落ちてしまうので、できたてをぜひ召し上がってください。

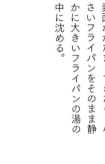

水まんじゅう　枝豆あん、ミニトマトのコンポート

夏野菜を使ったお菓子です。水まんじゅうは、
その名の通り水をたっぷり使った和菓子。
工房では、一般的なこしあんの代わりに、
ニセコで育った野菜をコンポートやあんにして包んでいます。
透明な皮から透けて見える緑と赤が、とても涼やかです。

❖水まんじゅうの材料（水まんじゅうの型16個分）
水まんじゅうの素……60g
砂糖……１８０g
水……４７５㎖
枝豆あん玉……10g×８個
ミニトマトのコンポート……8個

水まんじゅうの素は、製菓食材店やネットショップで購入できます。枝豆あんとミニトマトのコンポートは、前日に作っておくとよりおいしくいただけますが、当日に作ってもかまいません。

❖ 水まんじゅうの作り方

水まんじゅうにはあっさりとしたあんがあうので、
枝豆あんは甘さを控えめに、ミニトマトのコンポートは甘酸っぱさをいかすとおいしいです。

1

枝豆あん玉の作り方はP75を参照。水まんじゅうを作る前に1個10gに丸めたものを8個作る。

2

ミニトマトのコンポートの作り方はP78を参照。冷蔵庫で半日ほど冷やしたものを使う。

3

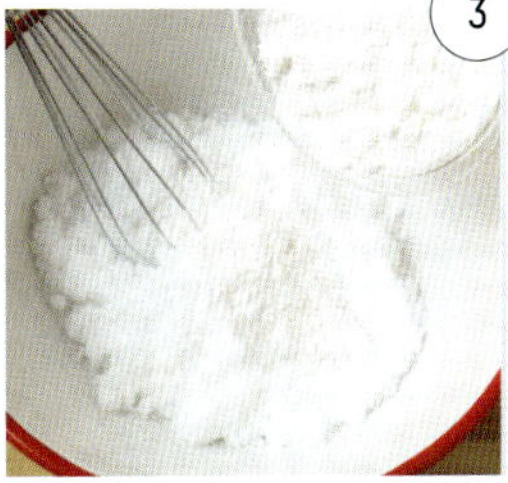

ボウルに水まんじゅうの素と砂糖を入れ、泡立て器でよく混ぜる。

4

鍋に水を入れ、③を加えて泡立て器でよく混ぜる。中火にかけて木べらで鍋底からよく混ぜ練り上げる。どろっとした濃度がついたら練り上がりです。

5

スプーンで水まんじゅうの型に④を型の1／3ほど入れる。

6

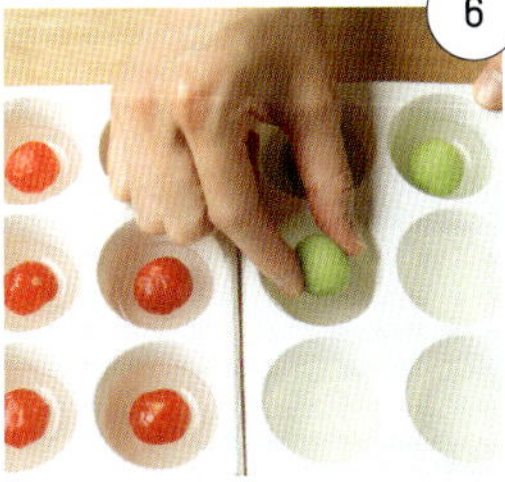

型の半分に枝豆あん玉、残りに汁けをきったトマトのコンポートを入れ、その上に④をかける。表面にラップをし、粗熱が取れたら冷蔵庫で1時間ほど冷やしかためる。

7

型から外して、器に盛る。型から抜くときは端から、ペロンとはがすように抜きます。

COLUMN
02

おいしい小豆を作ってくれる大切な人たち

昼と夜の寒暖の差が大きいニセコの気候は、野菜をおいしく育てます。和菓子に欠かせない小豆も例外ではありません。

小豆は北海道の十勝産が有名ですが、工房では、地元の農家の方の小豆を使っています。みなさん優しい人柄で、小豆のことをたくさん教えてくださり、いつも本当にお世話になっています。

畑は、東に羊蹄山、西にニセコアンヌプリが望める景観のよい場所にあります。畑の前に立つと、羊蹄山の裾野が小豆畑まで続いているように見えて、とてもきれいです。

小豆作りは、5月下旬、種まきからはじまります。かわいい芽が土から顔を出し、夏には枝が伸びて葉も茂ってきます。

9月に入ると、黄色い花が咲くのですが、花が咲いた順にインゲンマメのようなサヤが茶色に熟成。

そして10月、畑一面が茶色に変わったら、待ちに待った収穫です。乾燥したサヤを手でもみほぐすと、真っ赤な小豆が顔を出します。

収穫した小豆は、虫のついているものや傷んでいるものを、ひと粒ひと粒、確認して外していきます。

根気のいる作業なので、一気に選り分けるのは大変。そこで、私はあんを炊くごとに少しずつ、選り分けています。そうして選り分けた小豆を湧水で炊くと、ほくほくとしてみずみずしく、豆の香りが豊か！

和菓子がおいしく仕上がるたびに、農家の方々への感謝の気持ちでいっぱいになります。

こんなふうに工房の和菓子は、手間と時間をかけて、おいしい小豆を作ってくださる農家の方々の努力に支えられているのです。

道具と食材について

この本に出てくる道具は、ボウル、鍋、ホットプレート、木べら、ゴムべら、金べら、泡立て器など一般的なキッチンにそろっているものばかりです。

ゴムべらは耐熱性のもので、ある程度かたいものが作業がしやすいですね。

金べらは持ちやすさを重視して、大きすぎないものを選びましょう。

泡立て器はワイヤーの本数が多いものがおすすめです。

新たに用意するとすれば、布巾に使うさらしでしょうか。さらしは手芸店や薬局などで、ひと巻き千円ほどで購入できます。

そして、忘れてはならないのが「手」です。

和菓子は、いわば手が道具。作る人の手の形が出るお菓子なので、多少不格好でも、それはご愛嬌。気軽にチャレンジしてみてください。

食材は、スーパーや製菓食材店で購入できます。

和菓子の材料なので、できるだけ国産のものがおすすめですが、もし、食材が手に入らない場合は、缶詰やパウチ、形や味が似たもので代用しましょう。

粉について

和菓子にはいろいろな粉を使います。
いずれの粉も、製菓食材店で購入できます。
お店にないときは、ネットショップを利用すると便利です。

【白玉粉(しらたまこ)】もち米を冷水に一夜さらし、臼で挽き、液状になったものを脱水。それを細かく切り乾燥させた粉です。白玉だんご作りに向きます。

【求肥粉(ぎゅうひこ)】もち粉ともいわれます。もち米が原料ですが、白玉粉よりもキメが細かく、求肥作りに向きます。

【道明寺粉(どうみょうじこ)】もち米を蒸して乾燥させたものを粗挽きにした粉です。関西風の桜もち作りに向きます。

【上南粉(じょうなんこ)】道明寺粉を細かく砕き、色がつかないように煎った粉です。

【寒梅粉(かんばいこ)】もち米を蒸してもちにした後、色がつかないように焼いて製粉した粉です。梅の咲く寒い時期に作られる粉というのが名の由来です。

【上新粉(じょうしんこ)】うるち米が原料の米の粉です。歯ごたえがあり、だんご作りに向きます。

【片栗粉(かたくりこ)】流通しているのは、じゃがいもから精製したジャガイモデンプンで、主に生地を包む際の手粉として使います。

【葛粉（くずこ）】葛の根からとれるデンプンを精製して作られた粉です。水に溶いて加熱すると透明の糊状になります。葛独特の風味があります。

【薄力粉(はくりきこ)】キメが細かく、タンパク質(グルテン)の割合が8・5%以下の小麦粉です。お菓子作りに向きます。

【中力粉(ちゅうりきこ)】キメが細かく、タンパク質(グルテン)の割合が9%前後の小麦粉です。うどん作りなどに向きます。

【粉寒天(こなかんてん)】天草などの海藻の粘液質を凍結・乾燥し、粉末状にしたものです。

【粉ゼラチン】動物の骨や皮などに含まれるコラーゲンから精製・抽出した無脂肪の動物性タンパク質です。液状のものをかためるのに使います。寒天よりやわらかい仕上がりです。

【重曹(じゅうそう)】ふくらし粉。どら焼きなど、焼き色を濃くしたいお菓子に向きます。

【イスパタ】主に和菓子で使用する合成膨張剤です。

【ベーキングパウダー】ふくらし粉。重曹に助剤と分散剤を加えた粉です。ケーキをふっくら焼き上げたいときに向きます。

【きな粉】大豆を炒り、皮をむいたものを細かく挽いた粉です。もちなどにまぶして使います。

【ほうじ茶パウダー】ほうじ茶を炒り、細かく挽いた粉です。風味づけに使います。

❖蒸し器の準備

まんじゅう、道明寺、よもぎもち、べこもちなどで用います。

1

蒸し器のふたは布巾で包んで結び、水滴が落ちないようにする。

2

下の鍋の⅔くらいまで水を注ぐ。

3

ふたをして中火にかけ、蒸気が上がりすぐに蒸せる状態にしておく。生地などを蒸すときは必ずふたをする。

❖基本の包み方

あん玉の包み方は、皮の素材が変わっても基本的に同じです。手順⑦が一番のポイント。あん玉と生地を密着させながら、包んでいきましょう。熱い生地を素手で扱う場合は、火傷に注意しましょう。

1

大きめのトレーに乾いた布巾を敷き、たっぷりの手粉を敷く。手粉はお菓子によって異なります。残った手粉はふるいにかけて、別のお菓子の手粉として使えます。

2

手粉の上に生地を移し、生地の中に粉が入りすぎないように気をつけながら、外側から中心に向けて、パタパタと3、4回折りたたむ。生地全体に粉がまぶされ、扱いやすくなります。

3

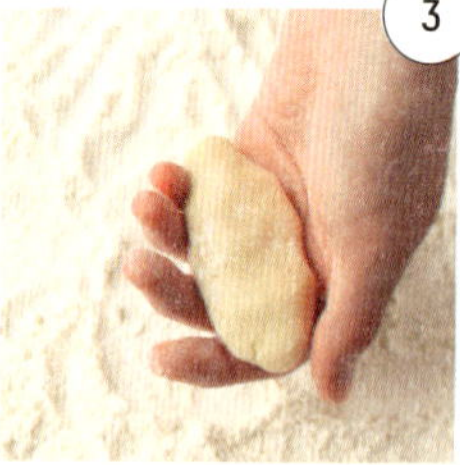

生地を片手で持てるくらいの量に分ける。ひとつのかたまりはこれくらいです。

4

生地を親指と人差し指でぎゅっと絞り、絞り出した生地を右手でつまみ切り、1個分ずつにしていく。

5

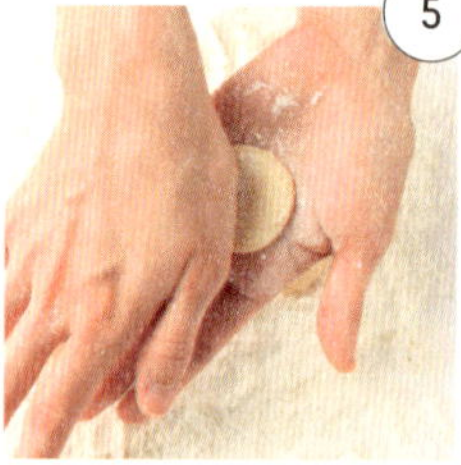

ちぎった生地は手のひらにのせ、平らにのばす。

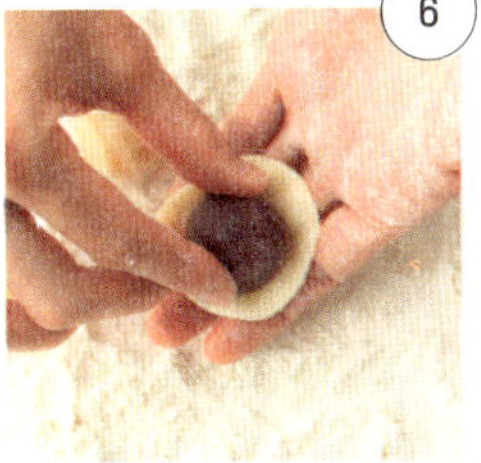

6

中央にあん玉をのせる。

7

左手で生地を下からあん玉に押し上げ、右手であん玉を生地に押しつける。

8

生地であん玉のまわりをおおい、指で生地を寄せ集めながら、少しずつ閉じていく。

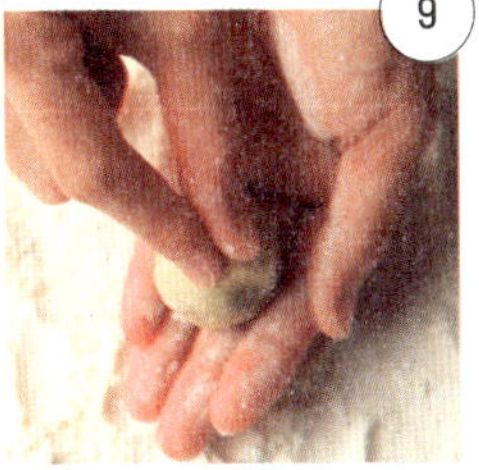

9

最後に生地と生地をつまみ、しっかり閉じる。閉じ目は必ずお菓子の底（裏面）にしましょう。

10

手のひらのくぼみを使って形を丸く整える。包みにくいときは、手順⑤で少し大きめに生地を平らにのばしましょう。手につきやすい生地の場合はとくに、手に手粉をたっぷりとつけましょう。

※以上は利き手が右手の場合です。左利きの場合は左右の手を逆にしましょう。

❖つぶあんの作り方

最も基本的なあんです。
時間に余裕があれば、ぜひ手作りしてみましょう。
小豆の粒をつぶさないように、
ふっくらと炊き上げるのがコツです。
※保存容器に入れ、3～4日ほど冷蔵庫で保存できます。

［材料（できあがり約800g分）］
小豆300g
砂糖 300g
塩 小さじ¼

1
鍋に水洗いした小豆とたっぷりの水を入れて強火にかけ、沸騰させる。差し水をし、豆の皮にシワがなくなるまでゆでる。差し水で（2カップくらい）鍋の中の温度を急激に下げると、豆の内部に水分が浸透しやすくなり、煮えむらも少なくなります。

2
ザルに上げてゆで汁を捨て、流水でさっと水洗いする。

3

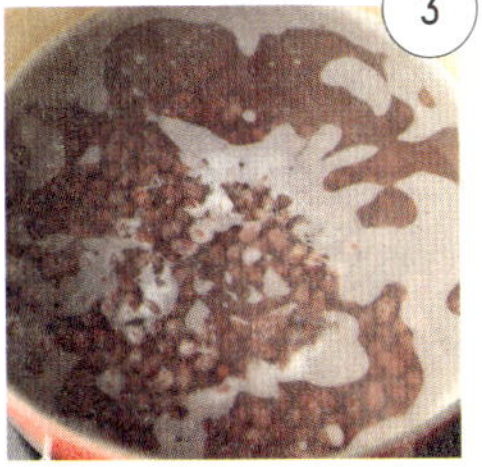

鍋に②とたっぷりの水を入れ、強火にかける。一度沸騰したら、中火（豆が軽く踊るくらいの火加減）で50～60分ほど、ふきこぼれないように見守りながら、やわらかくなるまでゆでる。途中、水が少なくなったら絶えず水を加えてひたひたの状態に保ち、指で小豆をつぶすと、簡単に豆がつぶれるくらいまでゆでましょう。

4

布巾を重ねたザルに小豆を移し水けをきる。小豆をつぶさないようにやさしく扱いましょう。

5

鍋に④と砂糖を入れて中火にかけ、ぽってりとするまで練り上げる。

6

仕上げに塩を加えて混ぜる。

7

バットに少量ずつ小分けにし、一度濡らしてかたく絞った布巾をかけて冷ます。

❖こしあんの作り方

使用頻度の高いあんです。
時間に余裕があれば、ぜひ手作りしてみましょう。
裏ごしを繰り返すことで、
なめらかな口あたりになります。

※保存容器に入れ、3〜4日ほど冷蔵庫で保存できます。

［材料（できあがり約750g分）］
小豆 300g
砂糖 250g
塩 小さじ1／4

1 → 4

①〜④はつぶあんの作り方（P70）を参照してください。

5

大きめのボウルに目の粗いザルをのせ、ゆで上がった小豆を少しずつ入れる。1ℓほどの水をかけながらレードルなどの背で、小豆をつぶしながら裏ごしする（ザルに残った豆の皮は捨てる）。

6

下のボウルにたまった小豆は、1ℓほどの水をかけながら、さらに細かいふるいにかけて裏ごしする（ふるいに残った皮は捨てる）。

7

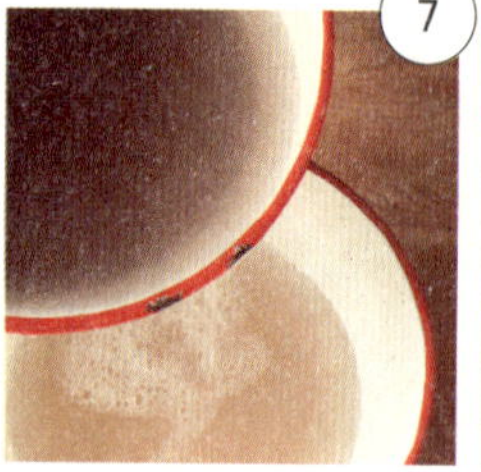

小豆の入ったボウルをしばらくおくと、あんの部分が沈殿するので、あんを捨てないように気をつけながら、濁った上水だけを捨てる。この作業を上水が透き通るまで2〜3回繰り返す。

8

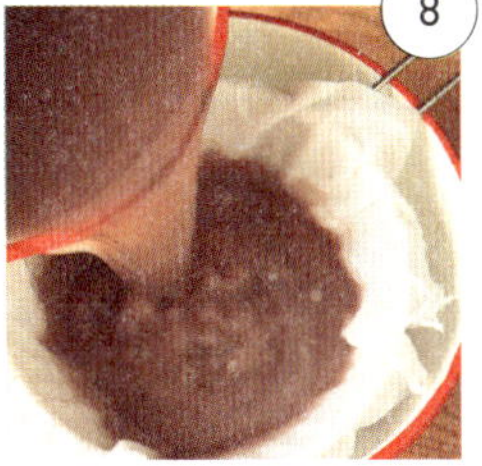

ザルに布巾を重ね⑦を流す。

9

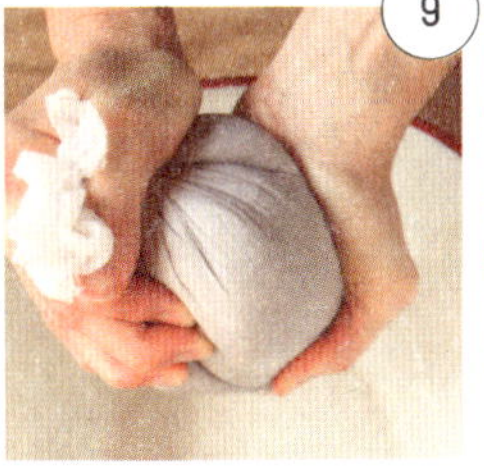

布巾に残ったあんをかたく絞り、水けをきる。

10

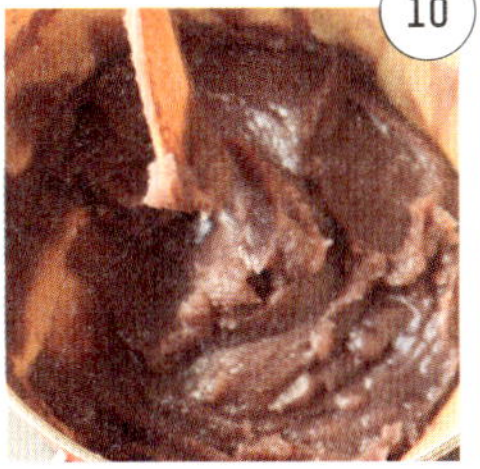

鍋に砂糖、水（分量外、約50㎖）、⑨を入れて中火にかけながら練り上げる。木べらですくって落としたときに、山形になるくらいのかたさが目安です。

11

仕上げに塩を加える。

12

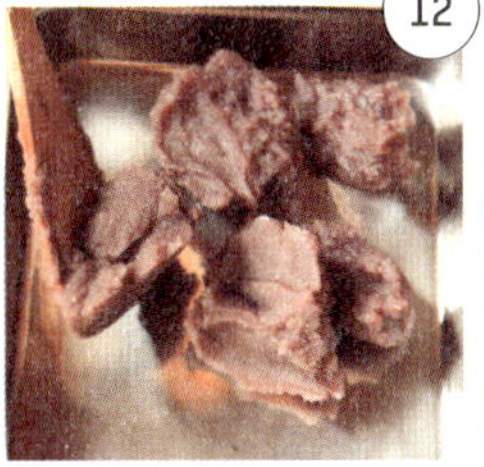

バットに少量ずつ小分けにし、一度濡らしてかたく絞った布巾をかけて冷ます。

❖ 白こしあんの作り方

白いんげん豆を使うと、白こしあんになります。
淡泊な味わいで、合わせる素材を引き立てる名脇役のあんです。
※保存容器に入れ、3〜4日ほど冷蔵庫で保存できます。

［材料（できあがり約800g分）］
白いんげん豆 300g／砂糖 270g
［準備］豆は水洗いし、たっぷりの水にひと晩つけておく。
［作り方］こしあんと同じ。

❖ごまあんの作り方

［材料］
こしあん 650g／グラニュー糖 55g
水 150㎖／黒すりごま 25g

① 鍋にこしあん、グラニュー糖、水を入れ、中火にかけて炊く。炊き上がりに黒すりごまを加えて木べらで混ぜる。

② 木べらですくって落とし、跡が残るようになったら炊き上がりです。保存容器に入れ、ラップをピタッとかけ、粗熱が取れたら冷蔵庫で保存する（1〜2日ほど保存可能）

❖みそあんの作り方

［材料］
白こしあん 250g／水 50㎖
白みそ 20g／水溶き食紅（p76参照）

① 鍋に白こしあん、水を入れ、中火にかけながら木べらで練る。

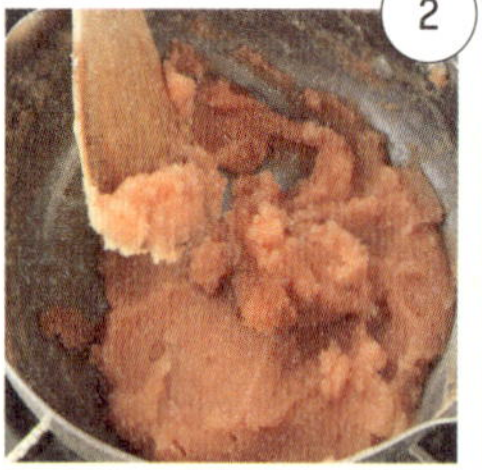

② 練り上がる直前に白みそを加え、水溶き食紅で淡いピンク色に着色する。保存容器に入れ、ラップをピタッとかけ、粗熱が取れたら冷蔵庫で保存する（1〜2日ほど保存可能）。木べらですくって落としたときに、形が残るくらいの状態になったら練り上がりです。

❖ 枝豆あんの作り方

［材料］
枝豆（サヤごと）約２００g
水 40㎖／砂糖 15g／こしあん 85g

1

枝豆はサヤごとたっぷりの湯で5分ほどゆで、ザルに上げる。粗熱が取れたら、サヤから豆を取り出し、薄皮を取ったものをフードプロセッサーにかけてペースト状にする。

2

鍋に水と砂糖を入れて中火にかけ、白こしあん、①を加えて木べらでよく練る。木べらですくって落とし、跡が残るくらいの状態になったら練り上がりです。

3

保存容器に入れ、ラップをピタッとかけ、粗熱が取れたら冷蔵庫で保存する（1〜2日ほど保存可能）。

❖水溶き食紅の作り方

水溶き食用色素も作り方は同じです。

1 器に食紅（食用色素）の粉を少量入れる。

2 ごく少量の水を加え、濃いめの水溶き食紅を作る。

3 着色するときは、竹串の先を使い、少量ずつ好みの色に着色する。

みつの作り方

用途によって材料が変わります。作り方は同じです。

【材料】

まんじゅう用みつ
（P8「ミニ紅白まんじゅう」など）
……砂糖100g／水40g

手水用みつ
（P20「べこもち」、P30「サクランボのういろう」など）
……砂糖30g／水60ml

黒みつ
（P52「あんみつ」、P56「葛きり」など）
……粉末黒糖（ふるったもの）100g／水50ml

1

鍋に水、砂糖（粉末黒糖）の順に入れ中火にかけて沸騰させる。軽く混ぜて、しっかり砂糖を煮溶かす。

2

茶こしでこして、常温で冷ましてから冷蔵庫へ。手水用みつ以外は、ガラス瓶などに詰め、冷蔵庫で約10日間ほど保存できます。

❖ ミニトマトのコンポートの作り方

［材料］
ミニトマト（ヘタを取って湯むきしたもの）24粒／白ワイン 200㎖
水 100㎖／砂糖 90g／レモン汁 1/2個／レモンスライス 2〜3枚

1

ミニトマトは、ヘタを取る。

2

小鍋にたっぷりの湯を沸かし、ミニトマトを入れ、10秒ほどゆでたら取り出し、氷水にとる。粗熱が取れたら皮をむく。

3

ホウロウのボウルまたは鍋に白ワイン、水、砂糖を入れる。1分ほど中火にかけ、アルコール分をとばす。②を入れ、沸騰したら火を止める。

4

レモン汁、レモンスライスを加え、粗熱が取れたらそのまま冷蔵庫に入れ半日ほど冷やす。

❖ きんかんのコンポートの作り方

［材料］
きんかん 12粒／グラニュー糖 150g
白ワイン 150㎖／水 150㎖

1

きんかんはよく洗い、つまようじでヘタを取る。包丁で放射状に4か所の切り込みを入れ、竹串で種を取る。

2

鍋に、①、グラニュー糖、水、白ワインを入れ中火にかけ、煮立ってきたら弱火にし、アクを取りながらさらに15分煮る。粗熱が取れたら保存容器に入れ、冷蔵庫で保存する（冷蔵庫で3日ほど保存可能）。

❖ごぼうのみつ煮の作り方

［材料］
ごぼう1/2本／水100㎖
グラニュー糖100g

1 ごぼうは水洗いし、皮をこそぎ8㎝長さに切る。やわらかくゆでて、水にさらす。

2 鍋に水とグラニュー糖を加えて煮溶かし、①を入れて沸騰させる。火を止め、紙ぶたをして、粗熱が取れたら保存容器に入れ、そのまま冷蔵庫にひと晩おく。

❖れんこんのみつ漬けの作り方

［材料］
れんこん（小）約2㎝
水60㎖／砂糖85g

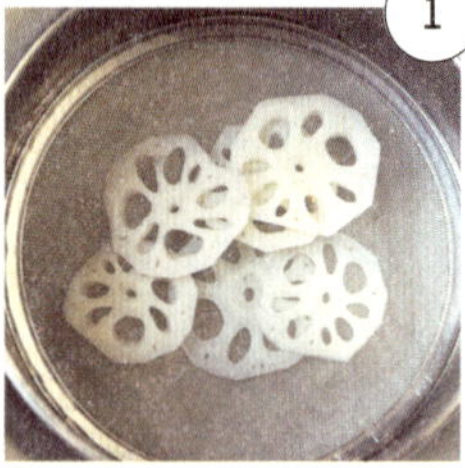

1 れんこんは皮をむき、2～3㎜厚さの輪切りを5～6枚作る。酢水（分量外）に5分ほどさらす。歯ごたえが残る程度にサッとゆで、ザルに上げて水けをきる。

2 小鍋に水と砂糖を入れて中火にかける。砂糖が溶けたら①を加えてひと煮立ちさせる。粗熱が取れたら保存容器に入れ、そのまま冷蔵庫にひと晩おく。

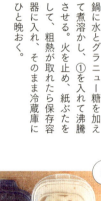

AUTUMN
秋

いも、栗、かぼちゃに木の実。収穫の秋は素材を生かした、おいしい和菓子を作りましょう。北海道の郷土料理いももちは、おやつとしてもおいしいのですが、お酒のつまみにもぴったりです。新豆の時期は小豆もやわらかく、ゆで時間も早いので、ぜひ、つぶあんからおしるこを作ってみてください。

栗の茶巾絞り

たたずまいは定番の茶巾絞り。
でも、中にこしあんと好相性の生クリームを入れ、
洋風のエッセンスを加えています。
栗の裏ごしは、手間のかかる作業ですが、
その分、旬の栗の風味を存分に味わえます。

❖栗の茶巾絞りの材料（12個分）
◎冷凍生クリーム……12粒
こしあん玉……15ｇ×12個
生栗（鬼皮ごとひと晩水につけたもの）
……４００ｇ（正味２２０ｇ使用）
砂糖……70ｇ
水……１００㎖
白こしあん……50ｇ

◎冷凍生クリーム（作りやすい分量）
［材料］生クリーム60㎖
［作り方］①生クリームを九分立て（角が立つくらい）にする。
②ラップを敷いた保存容器に直径２㎝の丸型に絞る。そのままふたをして、冷凍庫で２時間ほどしっかり凍らせる。

❖栗の茶巾絞りの作り方
① 冷凍生クリームをこしあん玉で包んで丸め、使う直前まで冷蔵庫で冷やしておく。
② 栗を40～50分ゆでる。ゆで上がったら半分に切り、温かいうちにスプーンで中身を取り出す。栗が冷めないうちに裏ごしする。
③ 鍋に砂糖と水を入れて中火にかけ、砂糖を溶かす。沸騰したら白こしあんを加え、②を３回に分けて加え木べらで練り上げる。手で触っても生地がくっつかなければ練り上がりです。生地が熱いので火傷に注意しましょう。
④ ２、３個に小分けし、乾燥しないようにかたく絞った布巾をかけて、粗熱を取る。完全に冷めないうちに生地を１個約30ｇに12等分する。
⑤ ④で①を包み、それをさらに布巾で包み、茶巾絞りにする。

きんつば　さつまいも、かぼちゃ

秋はさつまいもがおいしい季節ですね。
この季節に作りたくなるのが、さつまいものきんつばです。
きんつばは、江戸時代に生まれたお菓子で、
もともとは丸い形だったそう。
四角く成形されるようになったのは、
明治時代に入ってからだとか。

❖きんつばの材料（12×8×4〜5cmの流し缶1台分）
いもようかんの材料
さつまいも（皮つき）
……中2本（約350g、正味250g使用）
水A……120㎖
粉寒天……3g
砂糖……50g
衣の材料
薄力粉……50g
白玉粉……20g
シナモン……小さじ1
水B……約120㎖
サラダ油……適量

アレンジ

かぼちゃのきんつば

材料のさつまいもの代わりにかぼちゃを使うと、かぼちゃのきんつばになります。写真手前の器のきんつばは、中の色がわかるように、半分に切って盛りつけました。黄色がさつまいも、オレンジ色がかぼちゃです。

❖ きんつばの作り方

工房では、衣にシナモンを効かせているので、その香りも楽しめます。さつまいもは、「鳴門金時」を使うと、色がきれいに出るのでおすすめです。

1

いもようかんを作る。さつまいもは皮をむき、適当なサイズに切って、たっぷりの水とともに鍋に入れ、やわらかくゆでる。ザルに上げ、熱いうちに裏ごしする（火傷に注意）。

2

鍋に水Aを入れ、粉寒天をふり入れて中火にかける。木べらで混ぜながら沸騰させ、粉寒天を煮溶かす。砂糖を加えてよく混ぜ、再沸騰させる。

3
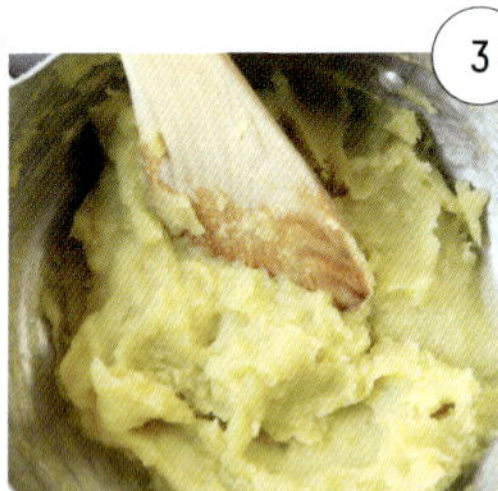

①を加えて中火で練り上げる。しっかりと生地に熱がついたら、練り上がりです。いもの種類により、練り上がりのかたさが異なります。

4

流し缶に流し入れ、ラップを使って表面を平らにする。粗熱が取れたら、冷蔵庫で1時間ほど冷やしかためる。

5

衣を作る。ボウルに薄力粉と白玉粉、シナモンを入れ、泡立て器でよく混ぜる。水Bを少しずつ加えながらダマにならないように混ぜ、こし器でこす。

6

④を8等分に切り分ける。

7

170℃に予熱したホットプレートに薄く油をひき、⑥の1面に⑤をつけ、ホットプレートに押しつけて焼く。1面を50秒ほど焼いたら金べらではがし、別の面に⑤をつけて焼く。この要領で全面焼き、クッキングペーパーの上に並べて冷ます。手に薄くサラダ油を塗ると、生地が手にくっつきません。火傷に注意しながら、作業しましょう。

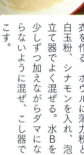

AUTUMN
03

リンゴの練りきり

練りきりとは、白あんに餅生地を加えて練り上げた生地です。ベースは真っ白なので、色付け、デザインを変えて春夏秋冬様々に作り変えます。

中の餡は、こしあんに水飴を加え、練りきりと同じくらいの硬さに練り上げた「中綿」と呼ばれる餡です。

❖リンゴの練りきりの材料（6個分）

◎オレンジ色の練りきり……10g×6個

◎黄色の練りきり……10g×6個

◎中綿……20g×6個

◎ヘタ用中綿……適量

◎葉用黄緑色の練りきり……適量

◎練りきりの材料（できあがり140〜160g）

白玉粉……8g

水A……約7g

白あん……200g

水B……40㎖

水あめ……5g

水溶き食用色素（赤、黄、緑）……少々

◎中綿（できあがり160〜180g）

［材料］こしあん200g／水40㎖／水あめ5g

［作り方］①鍋にこしあんと水を入れ、中火にかける。焦がさないように、木べらでなべ底からしっかり練る。手で触ってもくっつかないくらいかためのあんに仕上げる。

②①に水あめを入れ、さらによく練る。ねりきりと同じ位のかたさに練り上げる。

※隙間なくラップで包み、粗熱が取れたら冷蔵庫で保存（2日間ほど保存可能）。

練りきりの色を変えれば青りんごや梨も作ることができる。

❖ リンゴの練りきりの作り方

今回は赤いりんごですが、黄緑色や黄色に変えて、青りんごや梨の実にアレンジすることもできます。生地がやわらかすぎると成型しづらいので、白あんの水分はしっかり飛ばしましょう。

小さいボウルに白玉粉と水Aを入れ、だんご状にまとめる。鍋で湯を沸かし（分量外）生地をゆでる。ゆで上がったら水けをきっておく。水けをきったあとはオーブンシートにのせるとくっつきません。

鍋に、白あんと水Bを入れ、弱めの中火にかける。木べらで鍋底からしっかりまぜて練る。焦がさないように注意すること。手で触ってもくっつかないくらいの、かためにしあげる。①を加えて、全体になじむまでよく練る。水あめを加えて、さらに練る。

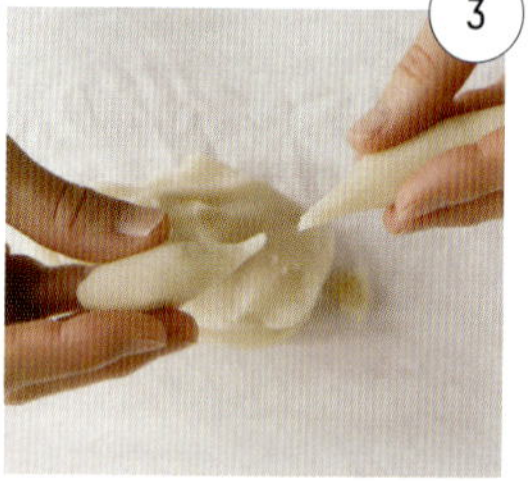

少量を引っ張ると細く伸びてちぎれるくらいのかたさが目安。

練りあがった生地をかたく絞った布巾の上に、小分けにちぎり分ける。乾燥しないように、布巾をかける。

粗熱が取れたらふたたび生地をひとつにまとめる。④⑤の作業を、生地が冷めて、真っ白になるまで2~3回繰り返し、ラップに包んで冷蔵庫でしっかり冷やす。

6

練りきりに水溶き食用色素を加えてもみ込むように着色する（※1）。色が濃くついてしまったときのために、予備の白色の練りきりをとっておくといい。水分が多いとやわらかくなり成型しづらいので食用色素を溶く水の量は少なめにする。

7

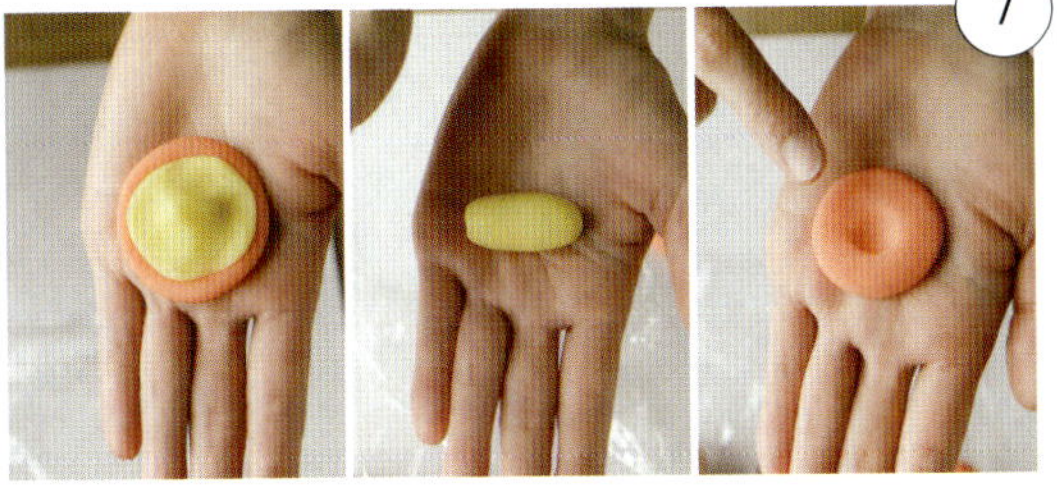

オレンジ色の練り切りを平たくして中央をくぼませ、黄色の練り切りを棒状にして、黄色の棒状の先をオレンジ色の中央のくぼみに押し当てながら張り合わせる。手につかないようにぬれ布巾で手をふきながら作業しましょう。

8

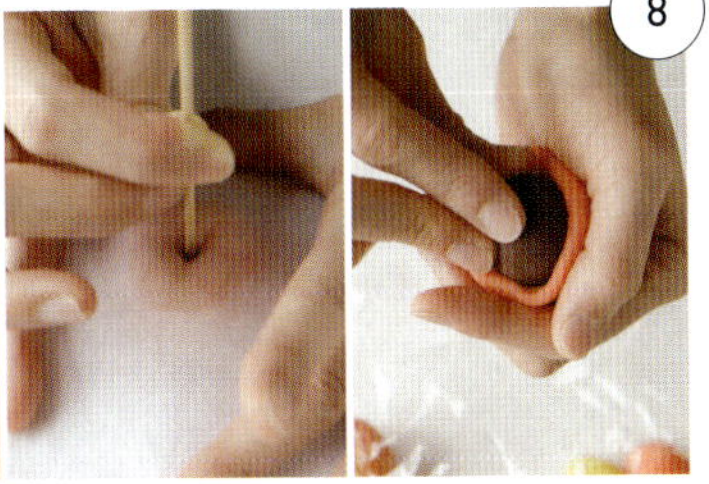

⑦の張り合わせた練りきりを平らにのばし、中綿を包む（※2）。濡らしてかたく絞ったさらしの布巾と竹串を使って、中心をくぼませ、リンゴ型に整える。

9

中綿で作った芯と黄緑色の練りきりで作った葉をあしらう。

※1：P76「水溶き食紅の作り方」参照　※2：P68「基本の包み方」参照

いももち

じゃがいもの産地である北海道の郷土料理です。
もっちりとした食感で、そぼくな味わいです。

❖ いももちの材料（約12個分）

じゃがいも……中4個（約400g）
片栗粉……50g
塩……ひとつまみ
バター……10g
◎しょうゆだれ……適量

◎しょうゆだれ（作りやすい分量）
［材料］しょうゆ 大さじ1
みりん 大さじ1／砂糖 大さじ$\frac{2}{3}$
［作り方］すべての材料を混ぜる

❖ いももちの作り方

① じゃがいもは皮をむいて、適当な大きさに切り分ける。鍋にたっぷりの水とじゃがいもを入れてゆで、やわらかくなったら湯をきり、中火にかけて水分を飛ばす。
② すりこぎ棒で①をつぶしながら、片栗粉、塩を加えて混ぜる。
③ 直径5cmの棒状に整える。

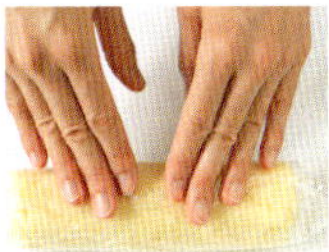

整えるとき、ラップを使うと形を整えやすくなります。

④ 粗熱が取れたら、1cm厚さに切る。
⑤ バターを溶かしたフライパンに④を並べ、中火で両面をこんがりと焼く。仕上げにしょうゆだれを回しかける。

AUTUMN
05

おしるこ

北海道では冬至にかぼちゃと小豆のぜんざいを食べる風習があります。工房では小さな焼きもちも加えて、にぎやかに。アレンジのベトナム風のおしるこは、ココナツミルクのコクがおいしい一品です。

❖おしるこの材料（4人分）

つぶあん……350g
水……150㎖
塩……ひとつまみ
かぼちゃ（一口大に切り、塩ゆでしたもの）……4切れ
切りもち（4等分して焼いたもの）……8個

❖おしるこの作り方

鍋につぶあんと水を入れ中火にかける。ひと煮立ちしたら塩を加え混ぜ、器に盛る。仕上げにかぼちゃと焼いた切りもちをのせる。

アレンジ

ベトナム風おしるこ

❖ベトナム風おしるこの材料（4人分）

つぶあん……150g
ココナツミルク……300㎖
バナナの輪切り（好みの厚さ）……1本分
白玉だんご（P54参照）……20粒
市販のバニラアイス……1カップ

❖ベトナム風おしるこの作り方

鍋につぶあん、ココナツミルクを入れ、よく混ぜながら中火にかける。ひと煮立ちしたら、器に盛る。仕上げにバナナ、白玉だんご、バニラアイスをのせる。

右写真は手前が「おしるこ」、奥が「ベトナム風おしるこ」です。

木の実のおもち

秋の楽しみといえば、くるみ拾いです。
ツタウルシの木が、そのくるんと巻いた葉を
隣り合う木に絡ませながら紅葉しはじめる頃、
工房のある森にも鬼くるみが実ります。
鬼くるみの皮は厚くかたいので、むくのに少々てこずりますが、
味はみずみずしくて濃厚。
工房ではおもちや焼き菓子に混ぜて、
おいしく仕上げています。

❖木の実のおもちの材料(約14個分)
白玉粉……100g
水……200㎖
砂糖……200g
好きな木の実(ローストしたもの)……90g
こしあん玉……20g×14個
片栗粉(手粉用)……適量

【準備】
・市販の好きな木の実(くるみ、アーモンド、ピスタチオ、カシューナッツなど)は140℃に予熱したオーブンで約14分焼き、細かく刻んでおく。

木の実のおもちの作り方

木の実のおもちは、くるみ以外にも、アーモンドやピーナッツなど、好みの木の実を入れてください。ピスタチオのグリーンを加えるときれいですよ。

1

鍋に白玉粉を入れ、水を少しずつ加えながら、ゴムべらでよく混ぜる。

2

中火にかけ、焦がさないように木べらで練る。鍋底からかたまってくるので、ダマができないように底からしっかりこねましょう。

3

生地に透明感が出て、もったりとまとまったら、砂糖を3回に分けて加え、練り上げる。砂糖を加えると生地が分離した状態になります。よく練って生地がなめらかになってから次の砂糖を加えましょう。

4

生地にしっかりとこしが出てきたら、木の実を加えて混ぜる。

5

トレーの上に乾いた布巾を敷き、その上に手粉をたっぷりと敷く。④をのせ、外側から中心に向けて、パタパタと3、4回折りたたむ。

6

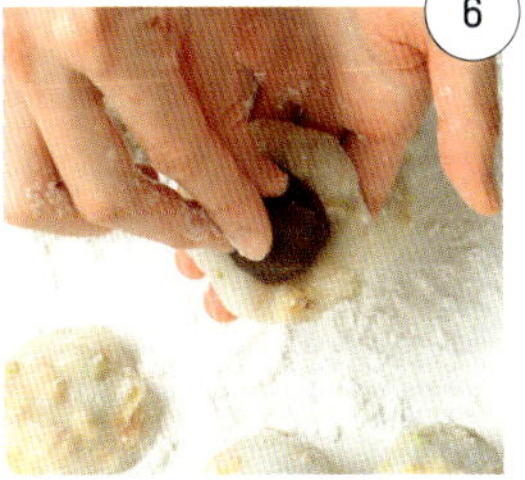

生地を1個約30ｇに14等分し、直径6㎝の円形にのばす。生地の中央にこしあん玉をのせて包み（※1）、閉じ目を下にする。

※1：P68「基本の包み方」参照

COLUMN
03

お茶と器の話

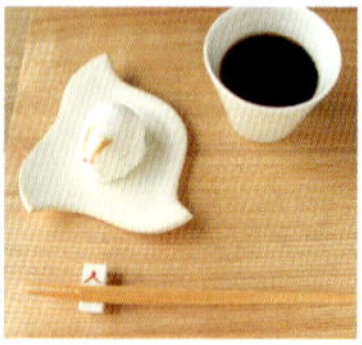

日本茶、紅茶、烏龍茶は、実はすべて同じお茶の葉で作られています。どうして同じなのに、味や色、香りが違うのかというと、それは発酵の度合いが違うからです。緑茶は葉を摘むとすぐに炒ったり、蒸したりするので、発酵させませんが、逆に紅茶は完全に発酵させてから作ります。その中間が烏龍茶というわけです。

それを知ると、和菓子には日本茶だけでなく、他の飲み物も組み合わせたくなりますよね。工房では、紅茶や中国茶、台湾茶をはじめ、抹茶、ほうじ茶、コーヒー、牛乳、時にはお酒など、いろんな飲み物と和菓子のコラボレーションを楽しんでいます。同じお茶でも、季節に合わせて、冷たくしたり、熱くしたり、和菓子のある場面に合わせて変化をつけてみると、目先が変わって新鮮です。

そして、和菓子を盛る器ですが、工房では形や色使いがシンプルで小ぶりの、和菓子が映える器を使っています。

この本に登場する器の多くは、お友達の器作家、京都の「今宵堂」さんのもの。シンプルなのに遊び心のある器は、どんなお菓子も美しく引き立ててくれます。

また、写真家の夫は、撮影でいろんな場所へ出かけるので、お土産は、器やカトラリーをお願いしています。

器との出会いは一期一会。特に旅先のお店には、次にいつ行けるかわかりませんし、行けたからといって、同じ器があるとは限らないので、夫には荷物になるので申し訳ないのですが、おもてなしにも使えるように、「必ず2つずつ買ってきてね」と、お願いしています。

そうして集めたお気に入りの器をセッティングするときは、まずは、トレーやマットで、器が収まる額縁を作ります。そうすると、器をちょこんと置くだけで、自然と和菓子に目線が向く気持ちのいい空間に。いつものおやつでも、雰囲気がぐっとよくなるので、ぜひお試しを。

WINTER
冬

きんかんや柚子は風邪対策としてのどにもいいので、桃山、柚子のおもちはぜひ寒い季節に作ってくださいね。はなびらもち、うさぎの雪平玉は重箱に並べるととても美しく華やか。お正月のおもてなしに、お抹茶とともにお客様にお出ししてみてはいかがでしょう。

WINTER
01

桃山 きんかんのコンポート入り

桃山は京都の地名にちなんで名づけられた伝統的な通年菓子。
ほどよい甘さの生地と、ほろほろとした食感が特長です。
工房では、12〜2月頃に出回る甘酸っぱいきんかんをコンポートにして、
丸々一個を包み、オーブンで焼いた後、日本酒を塗って仕上げています。
みずみずしいきんかんの果汁が口の中に広がり、
かすかな苦みとあいまって、黄味あん入り生地とよくあいます。

❖ 桃山の材料(12個分)

◎ 黄味あん入り生地……全量
きんかんのコンポート(P79「きんかんのコンポートの作り方」参照)……12粒
日本酒……適量

◎ 黄味あん入り生地の材料(12個分)
白こしあん……280g
水……60㎖
卵黄……1個分
寒梅粉……5g
バター……3g
水あめ……5g
みりん……小さじ1

黄味あん入り生地ときんかんのコンポートは、前日に作っておくとよりおいしくいただけますが、当日に作ってもかまいません。その際は、それぞれ4時間ほど休ませられるといいですね。

桃山の作り方

きんかんのコンポートの代わりに、梅の甘露煮や、シンプルに白こしあんだけを包んでもおいしくできます。焼きたてよりも、ひと晩おいて生地ときんかんのコンポートが、しっとりなじんだ頃が食べ頃です。

1

まず黄味あん入り生地を作る。鍋に白こしあん、水、卵黄を入れ、木べらでよく混ぜる。

2

中火にかけて木べらで練り、かために炊き上げる。隙間なくラップで包み、粗熱が取れたら冷蔵庫で1時間ほど冷やす。

3

②をボウルに入れ、寒梅粉を加えて、ゴムべらでよく混ぜる。

4

耐熱ボウルにバター、水あめ、みりんを入れて混ぜ合わせる。それを電子レンジで20秒加熱し、③に加えて混ぜる。

5

ラップで包み、冷蔵庫でひと晩休ませる。

6

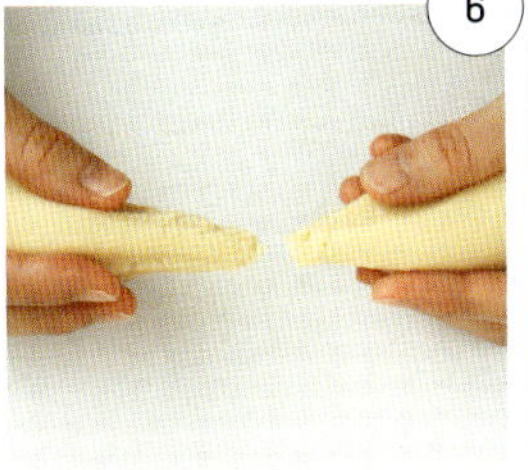

⑤をもみ込み、少しのびるくらいのかたさにし、1個約24gに12等分する。

7

しっかり水けをきったきんかんのコンポートを⑥で包む。

8

丸く整え、箸で中央に3つ穴をあけて模様をつける。クッキングペーパーを敷いた天板に間隔をあけて並べ、200℃に予熱したオーブンで13分焼く。

9

焼き上がったら、すぐにハケで表面に日本酒を塗る。

WINTER
02

柚子のおもち

もち生地に、柚子の皮を練り込んであるので、とてもさわやか。
柚子を、レモンやオレンジなど他の柑橘に変えて季節に合わせてアレンジしてもいいですね。

❖柚子のおもちの材料（8個分）

白玉粉……60g
水……100㎖
上白糖……50g
水溶き食用色素（黄）……少々
柚子皮のすりおろし……1／3個分
水あめ……2g
白あん玉……15g×8個
◎柚子ピール（細かく刻んだもの）……2g×8個
片栗粉（手粉用）……適量
市販の抹茶羊羹……適量（葉×8枚、へた×8個）

【準備】
柚子ピールを白あん玉で包み、柚子あん玉を作っておく。

◎柚子ピール

［材料］柚子2個／水200㎖／グラニュー糖200g
［作り方］①柚子はよく洗い、縦に4等分になるように切込みを入れ、皮をむく。裏側の白い部分はそぎ落とす。沸騰した湯でゆでこぼし、ザルに上げる。
②鍋に水とグラニュー糖を入れて中火にかける。沸騰したら弱火にして①を入れ、柚子に透明感が出たら火から下ろす。
③そのまま冷まして水けをきり、グラニュー糖（分量外）をまぶす。網に並べて風通しのよいところでひと晩干す。

❖柚子のおもちの作り方

柚子あんを作るのは大変なので、簡単にできるよう白あんのなかに柚子ピールを包んでみました。それだけで、まるで柚子あんのようです。柚子ピールは市販のものでかまいません。

1 鍋に白玉粉を入れ、水を少しずつ加えダマにならないようゴムベラでよく混ぜる。

2 黄色の食用色素で薄黄色に着色する（※1）。火が入ると色が濃くなるので、薄めに色づけします。

3 中火にかけて木べらで焦がさないように練る。

4 生地に透明感が出てきて、なめらかにまとまったら砂糖を4回に分けて加える。砂糖を加えるごとに、生地がなめらかになるまでよく混ぜること。

5 4回目の砂糖を加えたときに、すりおろした柚子皮、水あめを入れ、なめらかになるまで混ぜる。

6

トレイに乾いた布巾を敷き、その上にたっぷりと手粉を敷く。⑤の生地をのせ、外側から中心に向けて、パタパタと3、4回折りたたむ。

7

⑥の生地を8等分に切り分け、柚子あん玉を包み丸く形を整える（※2）。

8

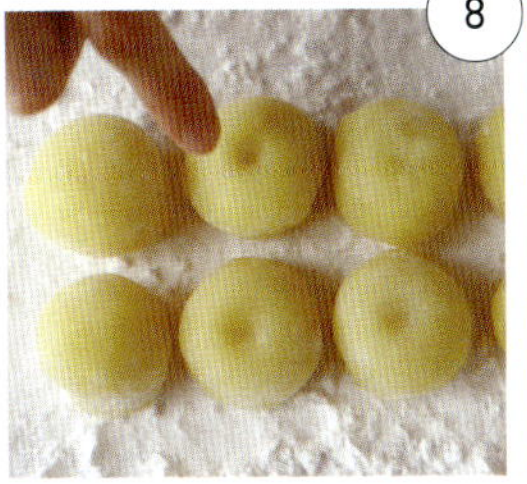

余分な手粉を刷毛で払う。丸く形を整え、中心を指先で少しくぼませる。

9

飾り用の葉とヘタに使う市販の抹茶ようかんを2㎜にスライス。ヘタはストローと竹串を利用して抜く。

10

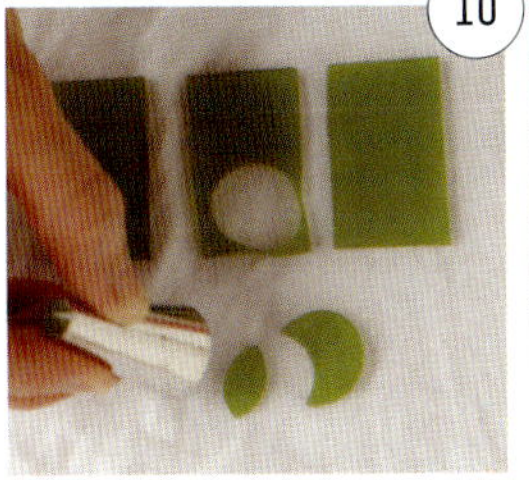

飾り用の葉は口金を使って抹茶ようかんを抜く。

11

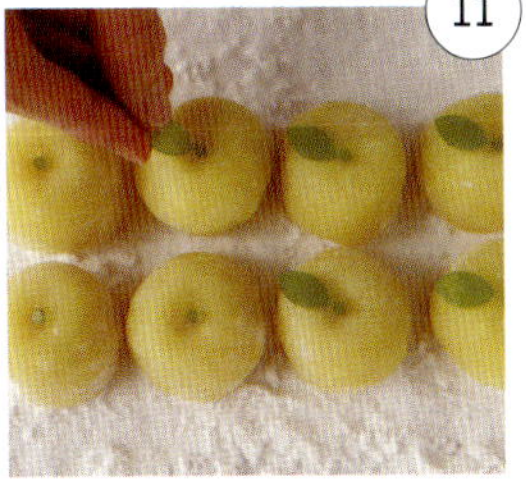

ヘタと葉を飾って仕上げる。

※1：P76「水溶き食紅の作り方」参照　※2：P68「基本の包み方」参照

はなびらもち

京都では新年を祝う伝統的な和菓子で、
茶の湯の初釜（新年の最初に行うお茶会）に欠かせないお茶菓子です。
長寿を願う宮中のお正月行事で、押し鮎（鮎の塩漬け）を食べたことに由来し、
この押し鮎が月日を経て、ごぼうに変わっていったのだとか。
お菓子になったのは明治以降のことのようです。

❖ はなびらもちの材料（12個分）

白玉粉……１００ｇ
水……２００㎖
砂糖……２００ｇ
ごぼうのみつ煮（Ｐ80「ごぼうのみつ煮の作り方」参照）……12個分
みそあん玉（Ｐ74「みそあんの作り方」参照）……15ｇ×12個
片栗粉（手粉用）……適量

みそあん玉は、前日に作っておくとよりおいしくいただけます。ごぼうのみつ煮はひと晩おいてしっかり味をなじませましょう。

❖ はなびらもちの作り方

工房でははなびらもちを新年のご挨拶として手土産にしたり、おもてなしの一品としてお出ししたりすることが多いです。ごぼうは煮てから細く切りましょう。切ってから煮ると反ってしまいます。

1

鍋に白玉粉を入れ、水を少量ずつ加えながら、ゴムべらでダマにならないように、よく混ぜる。

2

中火にかけて木べらで焦がさないように練る。鍋底からかたまってくるので、底からよく混ぜましょう。

3

生地に透明感が出てもったりとまとまったら、砂糖を⅓量ずつ加えて練り上げる。砂糖を加えると生地が分離した状態になります。よく練って生地がなめらかになってから次の砂糖を加えましょう。

4

トレーの上に乾いた布巾を敷き、その上に手粉をたっぷりと敷く。

5

③をのせ、生地の中に粉が入りすぎないように気をつけながら、外側から中心に向けて、パタパタと3、4回折りたたむ。

6

麺棒と手のひらを使って生地を薄く（約20×30㎝）のばす。裏面が布巾にくっつかないように気をつけましょう。

7

粗熱が取れたら、直径7㎝の丸い型で抜く。抜き型がない場合は、茶筒のふたなどで代用しましょう。

8

ごぼうのみつ煮の汁けをきり、細切りにする。ごぼうのみつ煮、みそあん玉の順にのせ、半分に折りたたむ。

うさぎの雪平玉

白玉粉（もち粉）に砂糖を加えた生地に、
卵白と白あんを加えたものが雪平（せっぺい）です。
工房では雪平の生地で白こしあんを包み、
真っ白なおまんじゅうを作ってから、その形を変えて、
季節にちなんだ動物や植物に仕上げています。
冬は工房のまわりで、たまに見かける雪うさぎです。

❖うさぎの雪平玉の材料（約20個分）

白玉粉……100g
水……200㎖
砂糖……200g
白こしあん……30g
◎メレンゲ……全量
片栗粉（手粉用）……敵量
白こしあん玉……20g×20個
水溶き食紅……少々

◎メレンゲ

[材料]卵白1個分／砂糖40g
[作り方]卵白に砂糖を1/3量ずつ入れ、そのつど泡立て器でしっかり混ぜ、角が立つまで混ぜる。

アレンジ

えくぼまんじゅう

最後の仕上げを少しだけ変えれば、えくぼまんじゅうとお多福も作れます。

えくぼまんじゅうは中国の招福と厄除けに由来したもので、おまんじゅうの上に赤い点を描いて作ります。

お多福はその名の通り、多くの福を呼び込む女性の顔で、昔からお多福のお面は縁起物とされています。雪平玉をお多福の形に整えて、髪の毛はフォークの焼き形で描き、おちょぼ口と頬は水溶き食紅で、目は黒いごまで描きます。

雪平玉の作り方

メレンゲが入るのでまっ白でふわっふわの食感のおもちです。シンプルな生地なので中のあんはお好みのものをどうぞ。

1

鍋に白玉粉を入れ、水を少しずつ加えながら、ゴムべらでよく混ぜる。

2

中火にかけて木べらで焦がさないように練る。鍋底からかたまってくるので、底からよく混ぜましょう。

3

生地に透明感が出てもったりとまとまったら、砂糖を1/3量ずつ加えて練り上げる。砂糖を加えると生地が分離した状態になります。よく練って生地がなめらかになってから次の砂糖を加えましょう。

4

白こしあんを加えてさらに練る。

5

弱火にしてメレンゲの½量を加えてよく混ぜてから、残りを加えて練り上げる。

6

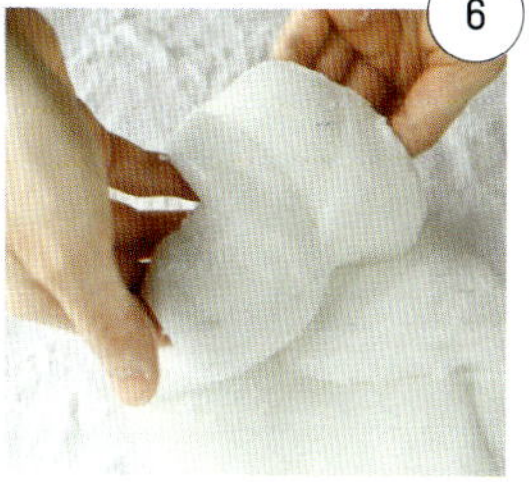

トレーの上に乾いた布巾を敷き、その上に手粉をたっぷりと敷く。手粉の上に⑤を移し、生地の中に粉が入りすぎないように気をつけながら、外側から中心に向けて、パタパタと3、4回折りたたむ。

7

生地を1個約25gに20等分し、直系6㎝の円形にのばす。生地の中央に白こしあん玉をのせて包み（※1）、閉じ目を下にする。

8

⑦をうさぎの形に整える。

9

フォークの先端を直火で加熱し、⑧にあて、うさぎの耳の形に焼きつける。焼き形のフォークは熱で変色するので、安いものでOKです（火傷に注意しましょう）。

10

水溶き食紅（※2）をごく少量、竹串の先につけ、うさぎの目をつける。にじみやすいので、竹串の先につける水溶き食紅の量は少なくしましょう。

※1：P68「基本の包み方」参照　※2：P76「水溶き食紅の作り方」参照

春

夏

秋

季節ごとの楽しみ方 ——雪平玉

作り方は116、117ページと同じです。手順⑧で形を丸く整え、中央を少しくぼませるだけ。上にのせる寒天をアレンジすれば、四季折々の風情を映すことができます

❖春——桜

つややかな紅色の寒天は、春爛漫に咲き誇るエゾヤマザクラのイメージ。雪平玉の上に、桜の花の塩漬けとともに飾ります。

紅色の寒天は水溶き食紅で、簡単に作ることができます。

鍋に水90㎖を入れ、粉寒天2gをふり入れて沸騰させ、寒天が溶けたら、砂糖85gを加えて煮詰めます。水溶き食紅少々で着色し、流し缶に注いで粗熱が取れてから冷蔵庫で30分ほど冷やしかため、5㎜角に切れば完成です。

❖夏——あじさい

梅雨のない北海道では、長雨に濡れるあじさいを楽しむことはかないませんが、和菓子に映して、思いを馳せます。

あじさいの名前には「青い花が集まって咲いている」という意味があるのだとか。その青い花に見立てた寒天は、春の寒天の水溶き食用色素の青にするだけで作ることができます。

器に、洗った青しその葉を敷くと、より風情豊かな仕上がりに。

❖秋——栗

秋が深まったニセコの森でも、誰に気づかれることなく、熟れて落ちた栗をそこかしこで見ることができます。秋の雪平玉では、はじけたいがの間から、栗が顔をのぞかせている、そんな瞬間を切りとってみました。

緑色のいがに見立てた寒天は、春の寒天の水溶き食紅を、水溶きの食用色素の黄色と緑色を合わせた黄緑色に代えるだけ。刻んだ栗の甘露煮を飾れば完成です。

れんこんの錦玉羹

寒天と砂糖を煮詰め、冷やしかためたものが錦玉羹（きんぎょくかん）です。
流し入れる型によって形を自由に変えることができるので、
和菓子では清流、せせらぎなどを表現するのによく用いられます。
その見た目の涼やかさから夏のお菓子として知られていますが、
中に入れる食材を季節ごとにアレンジすれば、一年中楽しむことができます。
冬はれんこんのみつ漬けを使います。

❖れんこんの錦玉羹の材料（約12×8×4・5cmの流し缶1台分）

錦玉羹の材料
- 水A……90mℓ／粉寒天A……2g
- 砂糖A……85g

れんこんのみつ漬け（P80「れんこんのみつ漬けの作り方」参照）……適量

寒梅粉……適量

黒糖ようかんの材料
- 水B……130mℓ／粉寒天B……3g／砂糖B……65g
- 粉末黒糖……75g／こしあん……110g

❖ れんこんの錦玉羹の作り方

色をつけることも多いですが、工房では寒天の透明な色をそのままいかした「無地錦玉」を使い、中の食材が引き立つように、仕上げます。

1

錦玉羹を作る。小鍋に水Aと粉寒天Aを入れて中火にかけ、木べらで混ぜながら沸騰させる。

2

寒天が完全に溶けたら砂糖Aを加え、再び沸騰したら火を止めて流し缶に流し入れる。アクはキッチンペーパーで必ず除きましょう。

3

れんこんのみつ漬けの汁けをきり、流し缶に並べられる枚数をきれいに並べる。

4

表面に寒梅粉をふりかけ常温に30分ほどおいて完全にかためる（急ぎの場合は冷水をあてて冷やしかためる）。寒梅粉は黒糖ようかんと錦玉羹の接着剤になります。

5

流し缶をひっくり返し、コンコンと軽くたたきつけて余分な寒梅粉を落とす。

6

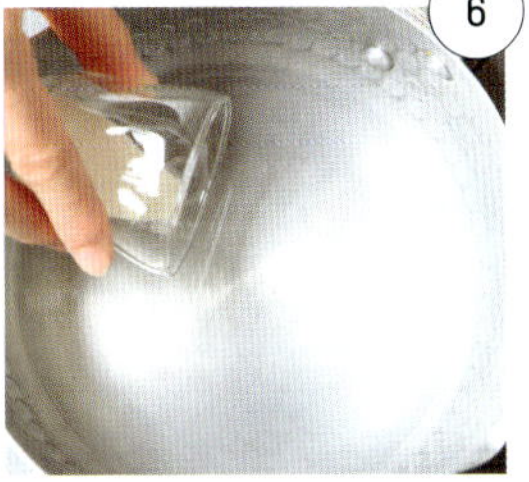

黒糖ようかんを作る。小鍋に水Bを入れ、粉寒天Bをふり入れる。中火にかけ、木べらで混ぜながら沸騰させる。

7

寒天が完全に溶けたら砂糖Bを加えて木べらで混ぜながら完全に溶かす。

8

ふるった粉末黒糖を加えて煮溶かす。

9

こしあんを手でちぎりながら加えて煮溶かす。

10

⑨が熱いうちに、⑤の流し缶に流し入れ、粗熱が取れたら冷蔵庫で1時間ほど冷やしかためる。

11

流し缶から抜いて8等分する。

春

夏

秋

季節ごとの楽しみ方 ——錦玉羹

作り方は122、123ページと同じです。
錦玉羹とようかんをそれぞれ少しアレンジするだけで、四季折々の風情を映すことができます。

❖春——桜の錦玉羹

日差しがやわらぎ、水もぬるんでくると桜の開花が気になるもの。つぼみだった桜が、ほころんでいるとうれしくなりますね。そんな春の風景を錦玉羹に映しました。薄紅色の桜の花が引き立つように、黒ようかんの上に重ねます。

作り方は、手順③で水洗いし水けをきった桜の花の塩漬けを16個並べ、手順⑧で粉末黒糖の代わりに砂糖を使うところが少し違うだけです。

❖夏——枝豆の錦玉羹

大地に青々しい草が生い茂る夏。とりわけ暑さが厳しい日は、冷たい湧水がごちそうに。枝豆を藻に見立て、水の勢いにまかせて水藻が揺れる様子を映しました。

作りかたは手順③で枝豆のみつ煮（グラニュー糖30gと水60㎖を沸騰させ、やわらかくゆでた枝豆30粒を入れてひと煮立ちさせる）を並べ、手順⑧で粉末黒糖の代わりに砂糖を使い、手順⑨でこしあんの代わりに白こしあんを使います。

❖秋——栗の錦玉羹

空気がひんやりと澄みわたり、羊蹄山のかたわらに、まん丸のお月様が浮かぶと、秋の訪れを感じます。秋の夜長、森で拾った栗をいただきながら、虫の声に耳を傾けているひとときを映しました。

手順③で市販の栗の甘露煮を8粒並べ、黒糖ようかんに重ねるだけです。栗は写真のようにそのままごろんと入れて、栗の形を楽しんでも素敵ですし、小さめに切っても食べやすいですね。

撮影――渡辺洋一
スタイリング――渡辺麻里
イラスト――秋山 花
アートディレクション――小島正継（graff）
デザイン――浅田深里（graff）
企画・構成・取材――満留礼子（羊カンパニー）

器提供――今宵堂
京都・賀茂川のほとりにて、夫婦で構える職住一体の陶芸工房。
日々の暮らしの中に心地よくなじみながらも、遊び心あふれる器を作っている。
http://www.koyoido.com/
（カゴ、木製品、ガラス、網、P92、94、96、102、表4以外）

本書は二〇一一年に成美堂出版より発売された
『春夏秋冬 森の中にある小さな工房の和菓子レシピ』を
加筆・修正・改題し刊行したものです。

渡辺麻里（わたなべ・まり）
和菓子職人。大阪あべの辻製菓専門学校卒業。北海道ニセコの森と札幌で、和菓子工房松風を営む。工房では定期的に和菓子教室も開催。北海道内各地、東京、京都などでのイベントでの販売、出張教室なども行なっている。著書に『野菜と果物で作る からだにやさしい和スイーツ』（大和書房）など。

http://matsukaze.upas.jp/

facebook
https://www.facebook.com/niseko.matsukaze

Instagram
https://www.instagram.com/niseko_matsukaze

ニセコ 松風《まつかぜ》の
かわいい和菓子《わがし》
森の工房が教える おうちでできる最高レシピ

著　者　渡辺麻里《わたなべまり》

発　行　株式会社二見書房
東京都千代田区神田三崎町2-18-11
電話 03（3515）2311［営業］
03（3515）2313［編集］
振替 00170-4-2639
印　刷　株式会社堀内印刷所
製　本　株式会社村上製本所

落丁・乱丁がありました場合は、おとりかえします。
定価はカバーに表示してあります。

ISBN978-4-576-19032-7
https://www.futami.co.jp/
